GAODENG XUEXIAO

MEIYU LILUN

YU

SHIJIAN YANJIU

高等学校美育理论与实践研究

霍 楷
李宇峰 著
高 鬻

化学工业出版社
·北京·

内容简介

本书力图以马克思主义美学观和中华美育传统教学相结合的观念，进一步推进我们的高校美育课教学，使相关理论与实践研究不断迈上新的台阶。

本书探讨了提升美育境界的若干途径：集美育课程、美育思政于一体开展教书育人；聚焦美育与科学的辩证关系及美育与前沿技术开展美育科学研究；以传承和弘扬中华优秀传统文化中的中华美育精神为主线开展文化传承；以美育促进个体全面发展和浸润中小学教育为目标实现社会进步。本书整体内容以古今传承、中西融合、校园内外为主线开展研究，主要挖掘美育的根——传承中华优秀传统文化，探索美育的冠——研究美育与前沿科技，浇灌美育的心——开展美育第一课堂和美育实践育人，凝练美育的果——美育英才以服务社会和美育浸润。

本书可供高等学校师生美育素质教育与学习使用，也可为从事美育教学和研究的学者提供参考思路。

图书在版编目（CIP）数据

高等学校美育理论与实践研究 / 霍楷，李宇峰，高翯著 . -- 北京：化学工业出版社，2024.12. -- ISBN 978-7-122-46523-8

Ⅰ.G40-014

中国国家版本馆CIP数据核字第2024MC4770号

责任编辑：李彦玲　　　　　　　　文字编辑：谢晓馨　刘 璐
责任校对：李雨函　　　　　　　　装帧设计：王晓宇

出版发行：化学工业出版社
　　　　　（北京市东城区青年湖南街13号　邮政编码100011）
印　　装：北京天字星印刷厂
787mm×1092mm　1/16　印张11　字数168千字
2024年11月北京第1版第1次印刷

购书咨询：010-64518888　　　　　售后服务：010-64518899
网　　址：http://www.cip.com.cn
凡购买本书，如有缺损质量问题，本社销售中心负责调换。

定　　价：59.80元　　　　　　　　　　　　版权所有　违者必究

前言 PREFACE

在新时代德智体美劳五育融合背景下,高校这个知识与文化传承创新的重要阵地中,美育的重要性日益凸显。编写这本《高等学校美育理论与实践研究》,旨在对这一重要领域进行深入的探索与总结。

高校美育不仅关乎个体的全面发展,更是塑造社会文明、推动文化繁荣的关键力量。在理论研究层面,我们基于马克思主义美学观和中华美育理论基础,不断追寻着美育的本质、价值与内涵,试图揭示其在高校教育体系中的独特地位和作用,为实践提供坚实的基础。同时,美育实践是检验美育理论的唯一标准,从高校到社会,开展丰富多彩的美育实践活动,拓展了美育研究的维度,构建了本书的主体框架:以马克思主义文艺观为指导,一是研究美育基本内涵;二是研究马克思主义美学观;三是研究中华优秀传统文化中的中华美育。以上三章是美育的基础理论。四是研究美学与艺术史、艺术鉴赏与评论、美育体验与实践于一体的美育课程体系;五是研究美育基地、美育创新、艺术展演和美育社团于一体的美育实践;六是研究美育与多学科的关系及融合实践;七是研究美育与科学的关系及美育与前沿技术;八是研究美育课程与课程美育、思政课程与课程思政的关系。以上五章是高校美育教学、科研和人才培养部分,即高校美育的知识输入部分。九是研究美育与时尚、日常生活、礼仪、自然、生态环境的关系;十是研究美育社会;十一是研究美育浸润;十二是研究美育的国际视野。以上四章是高素质美育人才对生活、社会、中小学的影响,以及美育国际视野的锤炼,也是美育的检验和评价,即高校美育的成效输出部分。

美育是高校培养德智体美劳综合素质全面发展的人才的必要一环。通过一系列理论与实践层面开展美育研究,旨在解决高校美育"为谁培养人、培养什么样的人、如何培养人"的问题,培养学生高尚的道德情操(发现美)、丰富的精神世界（欣赏美）、活跃的创新创造能力（创造美）。打造立体化、跨界性、多元化、创新性的美育育人体系，进一步开拓新时代美育活动，让学生广泛参与上述美育教学与实践活动，享受美育成果，在美育中得到浸润和升华，培育美的心灵，塑造美的情操，传播美的正能量，具有重要的现实意义。

本书为东北大学基本科研业务费项目"高等学校美育理论研究与实践"（N2422001）、辽宁省研究生教育教学改革研究项目和东北大学研究生教育质量保障工程项目立项"基于国际高水平竞赛的立体拔尖创新型艺术硕士培养实践研究"（LNYJG2024068）、全国高等院校计算机基础教育研究会计算机基础教育教学研究项目2024年立项"基于高水平艺术展演驱动的'一流大学'美育创新一体化育人模式研究"（2024-AFCEC-253）研究成果。

在本书的编写过程中，首先要感谢化学工业出版社多年来的鼎力支持和帮助，其次要感谢研究团队成员崔帆、王荧、潘姝睿、李小晴、郭凯旋、李迪、崔艳柳、王怡苏、周肖舒，她们为本书的出版付出了辛勤的努力。希望本书能够为广大美育教学工作者、研究者以及关心高校美育事业的人们提供有益的参考和启示。本书旨在抛砖引玉，希望广大专家和学者批评指正。

笔者
2024年7月

目 录

美育基础理论篇

第 1 章 高校美育概论   002

1.1 美育及高校美育的内涵   002
    1.1.1 对美育概念的界定和解释   002
    1.1.2 美育的主要内容   003
    1.1.3 高校美育的概念与界定   004

1.2 高校美育的目的与意义   005
    1.2.1 高校美育的目的   005
    1.2.2 高校美育的社会意义   008

1.3 高校美育与其他教育   011
    1.3.1 以美育德,实现情感修养与道德观念相融合   011
    1.3.2 以美启智,实现艺术思维与创造能力相促进   012
    1.3.3 以美健体,实现审美体验与身体健康同发展   012
    1.3.4 以美促劳,实现艺术实践与社会参与相结合   013

第 2 章 马克思主义美学观   015

2.1 生产美学   015
    2.1.1 生产美学的概念和基本原理   015
    2.1.2 生产美学在社会实践中的应用   017

2.2 社会阶级与审美   019
    2.2.1 马克思主义对社会阶级与审美关系的理论阐述   019
    2.2.2 社会阶级对审美趣味和审美标准的影响   020

2.3 艺术的社会功能   022

        2.3.1　艺术作为阶级斗争的工具　　　　　　　　022
        2.3.2　艺术作为社会生活的反映　　　　　　　　024
        2.3.3　艺术作为社会团结的纽带　　　　　　　　025

第3章　中华美育　　　　　　　　　　　　　　　　027

　3.1　古代美育　　　　　　　　　　　　　　　　　027

        3.1.1　早期美育思想的形成
              ——西周的礼乐制度的崩溃与重构　　　　027
        3.1.2　美育教育的理论基石
              ——春秋战国百花齐放、百家争鸣　　　　028
        3.1.3　美育教育的矛盾
              ——秦汉诸子对儒的批判与补充　　　　　029
        3.1.4　辉煌灿烂的文艺时代
              ——唐宋的诗画美育　　　　　　　　　　031
        3.1.5　枷锁中的美育之花
              ——明清时期通俗审美的发展　　　　　　032

　3.2　近代美育　　　　　　　　　　　　　　　　　033

        3.2.1　救亡图存下的西学东渐——美育思想的萌芽　033
        3.2.2　近代美育思想产生——美育思想的引入与发展　034

　3.3　现代美育　　　　　　　　　　　　　　　　　037

        3.3.1　改革开放时期美育地位的强化　　　　　037
        3.3.2　政策推动下美育体系的健全与完善　　　038
        3.3.3　新时代美育的快速发展　　　　　　　　039
        3.3.4　科学技术推动下的美育创新　　　　　　039

高校美育的知识输入篇

第4章　美育课程　　　　　　　　　　　　　　　　041

　4.1　美学与艺术史　　　　　　　　　　　　　　　041

        4.1.1　美学在美育课程中的价值　　　　　　　042
        4.1.2　艺术史在美育课程中的价值　　　　　　043
        4.1.3　美育课程实践与美学、艺术史理论融合策略　045

　4.2　艺术鉴赏与评论　　　　　　　　　　　　　　047

        4.2.1　艺术鉴赏与评论的美育价值　　　　　　047

  4.2.2　艺术鉴赏与评论中的美育实践研究　　048
 4.3　美育体验与实践　　049

第 5 章　美育实践　　052

 5.1　中华优秀传统文化传承基地　　052
  5.1.1　基地的建设　　052
  5.1.2　基地的分布与特征　　055
  5.1.3　基地的发展路径　　056
  5.1.4　基地实践成果　　056
 5.2　美育与创新　　058
  5.2.1　美育的含义与价值　　058
  5.2.2　当前美育实践中的创新模式　　059
  5.2.3　推动高校美育创新的实践路径　　060
 5.3　艺术展演　　061
  5.3.1　高校艺术展演的定义　　061
  5.3.2　艺术展演的美育功能　　061
  5.3.3　艺术展演与竞赛的类别　　062
  5.3.4　艺术展演的实施策略　　063
  5.3.5　艺术展演的改革与实践研究　　065
 5.4　美育社团　　069
  5.4.1　美育社团的概述　　069
  5.4.2　美育社团的定位与功能　　070
  5.4.3　美育社团的教学研究　　071
  5.4.4　美育社团的发展模式架构　　072

第 6 章　美育与学科　　074

 6.1　美育与学科的关系　　074
  6.1.1　美育在新文科建设中的新取向　　074
  6.1.2　美育与学科之间的关联　　075
 6.2　美育在多学科中的作用　　076
  6.2.1　美育在人文社会科学学科中的作用　　076
  6.2.2　美育在自然科学与技术学科中的作用　　077
  6.2.3　美育在艺术学科中的作用　　078

    6.2.4 美育在学科竞赛中的作用 079
    6.2.5 美育在多学科中的作用总结 080
  6.3 美育与学科的融合实践 080
    6.3.1 新美育教学改革实践 080
    6.3.2 音乐美育与课程思政协同育人模式 081
    6.3.3 生物学科与美育教育的融合构建 082

第 7 章 美育与科技 084

  7.1 科学为美育提供技术和表现 084
    7.1.1 科学技术的创新拓宽美育的边界 084
    7.1.2 科学技术为美育增添了新的活力与表现力 087
  7.2 美育为科学提供审美与灵感 089
    7.2.1 审美教育激发科学的创新思维 089
    7.2.2 审美教育培养科学的审美意识及人文情怀 091
  7.3 美育与前沿技术 093
    7.3.1 塑造美育未来的前沿技术 093
    7.3.2 前沿技术对美育的影响 095

第 8 章 美育与思政 098

  8.1 美育课程与课程美育 098
    8.1.1 理论概念辨析 098
    8.1.2 美育课程和课程美育的区别和联系 099
    8.1.3 高校相关实践佐证与分析 100
  8.2 思政课程与课程思政 102
    8.2.1 理论概念辨析 102
    8.2.2 思政课程与课程思政的区别和联系 103
    8.2.3 高校相关实践佐证与分析 104
  8.3 美育与思政的关系 106
    8.3.1 美育与思政教育互为补充且相互促进 106
    8.3.2 美育与思政教育同向同行、共赢发展 107
    8.3.3 高校美育与思政教育结合有着坚实的理论基础 109

高校美育的成效输出篇

第 9 章　美育与生活　　112

9.1　时尚与美育　　112
9.1.1　时尚与美育的关系　　112
9.1.2　时尚与美育结合的社会意义　　113

9.2　日常生活中的审美　　115
9.2.1　日常生活审美化的定义　　115
9.2.2　日常生活审美化的表现及影响　　115
9.2.3　日常生活审美化的发展趋势　　117

9.3　社交礼仪与美育　　117
9.3.1　社交礼仪与美育的关系　　117
9.3.2　社交礼仪与美育的结合　　118

9.4　自然美的欣赏与体验　　119
9.4.1　如何欣赏与体验自然美　　119
9.4.2　自然美中的美育价值　　122

9.5　生态文明与美育　　123
9.5.1　生态文明美育体系建设的必要性　　123
9.5.2　生态文明美育体系建设的作用与实践　　124

第 10 章　美育与社会　　126

10.1　社会美育概述　　126
10.1.1　社会美育的提出背景　　126
10.1.2　社会美育的概念　　126
10.1.3　社会美育的内涵　　127
10.1.4　社会美育的特点　　128

10.2　社会美育的目标与任务　　129
10.2.1　社会美育的演变　　129
10.2.2　社会美育的目标　　130
10.2.3　社会美育的任务　　131

10.3　社会美育的实施　　132
10.3.1　社会美育实施的演变　　132

	10.3.2 社会美育实施的问题	133
	10.3.3 社会美育实施的对策	135

第 11 章 美育浸润   139

11.1 美育浸润的概念与内涵   139
    11.1.1 美育浸润的概念   139
    11.1.2 美育浸润的内涵   141

11.2 美育浸润的目标与任务   142
    11.2.1 美育浸润的目标   142
    11.2.2 美育浸润的任务   144

11.3 美育浸润的实施   146
    11.3.1 理念引领策略   146
    11.3.2 资源开发策略   147
    11.3.3 活动组织策略   147
    11.3.4 环境氛围策略   148
    11.3.5 技术赋能策略   149
    11.3.6 评价激励策略   150

第 12 章 美育与国际视野   151

12.1 国外美育的发展   151
    12.1.1 国外美育发展的历程   151
    12.1.2 国外美育研究现状   154

12.2 美育的国际视野与比较   156
    12.2.1 美国的美育课程设置和教学模式   156
    12.2.2 德国的美育课程设置和教学模式   157
    12.2.3 英国的美育课程设置和教学模式   158

12.3 国际视野下美育的机遇与挑战   160
    12.3.1 国际视野下美育的机遇   160
    12.3.2 国际视野下美育的挑战   161

参考文献   163

美育基础理论篇

第 1 章　高校美育概论

高校美育，乃高等教育的灯塔，照亮着培养全面发展、具备高尚审美素养和创新精神人才的道路。在全球化、信息化的时代背景下，高校美育肩负着传承人类文明优秀成果、弘扬民族文化精髓、促进多元文化交流与融合的伟大使命，是培养担当民族复兴大任时代新人的重要途径。

1.1　美育及高校美育的内涵

1.1.1　对美育概念的界定和解释

美育思想在我国由来已久，"虞之时，夔典乐而教胄子以九德，德育与美育之教育也"（蔡元培）。春秋时期，六艺教育中的"乐"也属于美育，但我国古代并没有形成专门的美育理论。西方也是如此，早在古希腊时期，柏拉图和亚里士多德的著作中就散落着许多早期的美育思想，但都没有形成系统的理论。

美育理论真正诞生是在18世纪末，以德国著名诗人席勒的《美育书简》为标志，席勒也因此被称为"美育之父"，席勒在书中明确将美育定义为情感教育。该理论直到19世纪末20世纪初才传入我国。

蔡元培是我国将席勒的美育理论推向大学教育实践活动的第一人，但其并没有为高校美育下一个明确的定义。他把教育分为家庭教育、学校教育和社会教育，又把学校教育分为普通教育和专门教育，相对应的就是普通美育和专门美育。蔡元培指出："由普通教育转到专门教育，从此关乎美育的学科，都是单纯地进行了。爱音乐的进音乐学校；爱建筑、雕刻、图画的进美术学校；爱演剧的进戏剧学校；爱文学的进大学文科；爱别种科学的人就进入了别的专科了。但是每个学校的建筑式样、陈列品，都要合乎美育的条件；可以时时举行辩论会、音乐会、成绩展览会、各种纪念会等，都可以利用它来行普及的美育。"可以看出蔡元培指出的专门教育实属高校美育的范畴。

自从美育被正式写入国家的教育方针以后，越来越多的学者开始对高校美育进行研究，并尝试为高校美育下个确切的定义。有学者把高校美育定义为："大学美育是以美学理论为指导，以文学艺术教育为主要途径，通过对中外文学艺术精品的欣赏、人类优秀文化遗产的把握和美的创造活动，来培养大学生正确的审美观念、审美情趣、审美想象和审美情感，使之形成崇高的审美境界和审美理想。"还有学者把高校美育定义为："利用自然美、社会美、艺术美等美的形态对高校学生进行情感净化、性情陶冶，并提高学生感受美、鉴赏美、创造美的能力，培养其正确的审美观念、审美理想、审美情趣的教育。"

1.1.2 美育的主要内容

美育的内容十分丰富，涵盖了视觉艺术、音乐、舞蹈、戏剧等多个方面。这些艺术形式各自具有独特的审美特征和表现方式，但都承载着美的元素和精神内涵。蔡元培在其文章中指出：在普通教育中舞蹈、唱歌、手工都是美育的专科，由普通教育进入专门教育后，也就是说由普通教育进入大学教育后，有关美育的学科就是单纯地进行了。从其文章中可以看出，蔡元培指出专门美育包含了三个方面：一是艺术教育是高校美育实施的重要手段；二是在高校美育中，要充分挖掘各学科中的美育元素，以其育人；三是"专门"二字是比较"普通"二字而言的，其实属"高深"的意思，即高校美育是跟高深知识紧密相连的美、美学理论、美感培养、审美意识、审美观念、审美理想、审美情趣、审美想象、审美情感、鉴赏、创造等，这些词语是所有定义中出现最多的词语，属于关键词。这些关键词中"审"字出现得最多，《汉语大词典》中对"审"字的解释含有详细、详究、细察、慎重、察知、真实、明白清楚、审问、审核等意思。从"审"字的意思推导"审美"一词的含义，可以得出"审美"一词主要指的是感受美、鉴赏美两个方面，并不包括创造美这层含义。

随着审美心理学研究不断深入，可以得知最广义的美感就是审美意识，由审美理论和审美心理两个基本的要素构成。审美心理主要包括审美感知、审美想象、审美情感、审美理解四个因素。审美能力主要指的是在审美活动中，个体对审美对象的感知力和理解力。比较最广义的美感（审美意识）的概念和审美能力的概念，可以看出，审美能力同美感（审美意识）实属同义。通过以上的分析，可以对高校美育做这样一个界定：高校美育就是在美学理论的指导下，对各种美的物质载体进行全面赏析的一种社会实践活动。高校美育的目的就是，完善大学生的审美心理结构，提高大学生感受美、鉴赏美以及创造美的能力，促使大学生全面和谐发展。

1.1.3 高校美育的概念与界定

（1）高校美育概念的文献综述

关于高校美育这个概念，有各种各样的看法，但不外乎都认为高校美育是利用各种美，提高审美能力、培养审美观念、完善人格的教育。如薛天祥（2001）认为"高校美育的基本目的是培养全面发展的人，要实现这个目的就必须通过美的形象，以情感人，使理性渗透到感性的个体存在中去，成为一种自觉的审美意识，指导自己的行动"。钟仕伦、李天道（2006）认为"高校美育是指利用自然美、社会美、艺术美等美的形态对高校学生进行情感净化、性情陶冶，并提高学生感受美、鉴赏美、创造美的能力，培养其正确的审美观念、审美理想、审美情趣的教育，高校美育是塑造完美人格的需要"。仇春霖（2008）认为"美育不仅是要培养学生的审美能力和创造美的能力，最终是要美化人自身，也就是要教育年轻一代树立美的理想，发展美的品格，培养美的情操，形成完美的人"。陈元贵（2010）认为"引领学生进行审美感受、审美体验的同时，促使他们反思审美活动背后的价值判断和伦理问题，竭力引导大学生的审美趣味，审美风尚朝着积极健康的方向发展"。李益（2012）认为"高校美育是大学教育中促进学生全面和谐发展的不可缺少、不可替代的一个重要方面。高校美育是在学生已有较高的美育素质基础之上，对其审美素质进一步培养和提升，使之进一步系统化、理性化，培养大学生具有与高级专门人才素质要求相适应的，包括审美观念、审美情趣、审美能力在内，以完美人格为重点的审美素质，特别是培养学生生活和工作方面的审美素质，使学生能用'审美的'眼光去看待生活，能够'审美地'从事岗位工作"。

（2）对高校美育概念的界定和解释

从学者对高校美育的定义可以看出，高校美育的定义与美育的定义有所重合，高校美育特殊性体现得还不够明晰。笔者认为，要定义高校美育，须从高等教育入手，分析高等教育与基础教育的差别问题。

关于这种差别，美国学者约翰·S.布鲁贝克曾在著作《高等教育哲学》中谈道："高等教育与中等、初等教育的差别在于教材的不同，高等教育主要是研究高深的学问。这些学问深奥，普通人才智难以把握，且处于已知与未知交界，高深学问也可以看作是真理，有简洁的理论、概念、严密的逻辑性。高等学校有三项主要职能，传播高深学问、扩大学问领域、运用其成果为公共服务。"可见，高深知识明显抓住了高等教育的特殊性，"大学之功用，不论在教学、研究或在服务，都脱不开知识。教学是保存、传授知识，研究是发展、创造知识，服务是知识之应用"，而高深知识则是区别于基础教育的明显特质。另一方面，罗纳德·巴尼特也在所著的《高等教育理念》一书中谈及自己的看法，他认为高等教育的本质就在于学生个体的心智发展，高等教育之所以"高等"，就体现在高等教育能把学生推进到对自身经验进行批判性反思的理性层面，能对所学习的东西持有自己的看法。

可见，上述两种看法一个是从知识角度对高等教育本质进行挖掘，一个是从人的心智发展角度对高等教育本质进行界定。实则两种对高等教育本质的看法就如同一个硬币的两面，只有拥有高深知识，对事物的本质有所了解，才能够在纷繁复杂的现象面前有所评判，有自己的看法，能够反思，发展理性，促进心智的提升。因此，笔者认为，高校美育与基础教育阶段的美育有一个本质的区别，就在于高校美育传授的应是美的高深知识。并且，高校美育更强调学生的批判性反思能力，对美的价值评判能力。

因此，本文对高校美育进行界定，高校美育是以传授美的高深知识（美的本质、美的基本规律）为基本内容，培养学生审美、人文、全面以及专业素质发展的教育。高校，是大学、专门学院和专科学校的统称，包括专科、本科、硕士研究生和博士研究生四个层次美育。

1.2 高校美育的目的与意义

1.2.1 高校美育的目的

（1）培养学生的审美情感

培养学生的审美情感是高校美育的核心目标，不仅仅是一种对美的单向追求，更是一种内在情感和认知的深层次培养。高校美育致力于为学生构建一个全面、系统的审美教育体系，旨在帮助他们建立起正确的审美观念，并不断提升他们的审美能力和审美素养。高校美育注重培养学生对美的感知力，它引导学生去关注周围世界中的美，无论是自然界的壮丽景色，还是人文环境中的艺术佳作。通过观察和体验，学生逐渐学会从细微之处发现美，感受到美的存在和力量。这种对美的感知力，不仅让学生能够欣赏到美的外在形式，更能够领悟到美的内在价值和意义。

美育还强调审美能力的培养，审美能力是指对美的判断、鉴赏和创造的能力，通过开设艺术课程、举办艺术展览和演出等形式，为学生提供丰富的艺术实践机会。在这些实践活动中，学生不仅能够学习到专业的艺术知识和技能，更能够锻炼自己的审美判断能力，他们学会了如何从不同角度、不同层面去审视和评价艺术作品，学会了如何用独特的视角去发现和创造美。这种审美能力的培养，不仅让学生在艺术领域有所建树，更能够为他们的人生增添一份独特的魅力和风采。

此外，美育还注重提升学生的审美素养，审美素养是指一个人在审美方面的综合素质和修养。高校美育通过传授艺术史、艺术理论和艺术批评等知识，帮助学生建立起完整的艺术知识体系。同时它还引导学生去关注社会现实和人文精神，让他们在审美实践中不断思考和探索。这种审美素养的提升，不仅让学生更加深入地理解艺术作品和审美现象，更能够让他们在面对复杂多变的社会现实时，保持一种独特的审美态度和思考方式。

（2）提高学生的道德修养

美育是培养人的审美观念、审美能力和审美情操的教育，它涵盖了绘画、音乐、舞蹈、戏剧、电影、文学等多个领域，为学生提供了一个丰富多彩的审美世界。然而，美育的价值并不仅仅止步于此，它更是一个潜在的道德教育平台，通过艺术作品和文学作品的呈现，引导学生深入思考其中的伦理道德观念，进而提升自身的道德素质。美育中的艺术作品和文学作品往往是时代精神的反映，其中蕴含着丰富的道德观念和伦理思想。在绘画作品中，艺术家通过色彩、线条和构图等手法，表达了对自然、社会和人性的深刻理解，学生在欣赏这些作品时，不仅能够领略到美的魅力，更能够从中感受到艺术家对于道德、伦理和社会责任的关注和思考。同样，在文学作品中，作者通过生动的故事情节和人物形象，传递了对于人性、道德和社会正义的深刻见解。学生在阅读这些作品时，不仅能够获得阅读的乐趣，更能够从中汲取到道德的营养，提升自身的道德素质。美育的过程本身就是一个道德修养的过程，在欣赏艺术作品和文学作品时，学生需要保持一颗敬畏之心，尊重艺术家的创作成果，同时也需要保持一颗开放之心，接受并理解作品中的道德观念。这种敬畏和开放的心态，本身就是一种道德修养的体现。通过美育的学习，学生能够学会尊重他人、理解他人，同时也能够学会自我反思和自我提升，从而形成一个健全的道德观念体系。

美育还能够促进学生的全面发展，在美育的熏陶下，学生不仅能够提升自己的审美能力和道德素质，还能够培养自己的创造力和想象力，这种创造力和想象力，在未来的学习和生活中都将发挥重要的作用。同时，美育还能够帮助学生形成良好的心理素质和社交能力，使他们在面对困难和挑战时更加从容和自信。

(3) 拓宽学生的国际视野

在全球化日益加深的当今时代，拓宽国际视野、培养跨文化交流能力对于每个人的成长和发展都显得至关重要。美育，作为教育的重要组成部分，为学生搭建了一座跨越国界、沟通世界的桥梁，使他们能够接触到不同国家和地区的文化，从而拓宽国际视野，并培养出跨文化交流的能力。

美育的多元性为学生提供了一个丰富多彩的文化体验，艺术作品和文学作品是各个国家和地区文化的生动体现，它们以独特的方式展现了不同文化的魅力和特色。通过美育的学习，学生可以接触到来自世界各地的艺术作品和文学作品，如中国的水墨画、法国的油画、印度的舞蹈、非洲的音乐等。这些艺术作品和文学作品所蕴含的文化内涵和审美价值，不仅丰富了学生的知识库，也让他们感受到了不同文化的独特魅力和深刻内涵。

美育的直观性有助于学生更好地理解和感知不同文化。艺术作品和文学作品往往以形象、生动的形式展现了文化的内涵和精髓，在欣赏这些作品的过程中，学生可以通过视觉、听觉等感官的直接体验，直观地感受到不同文化的独特风格和特点。这种直观的感受和体验，有助于学生打破语言和文字的障碍，更加深入地理解和感知不同文化。

美育的实践性为学生提供了跨文化交流的机会。在美育的学习过程中，学生不仅可以通过欣赏艺术作品和文学作品来了解不同文化，还可以通过参与艺术创作和表演来亲身体验不同文化的魅力。学生可以学习不同国家的传统音乐、舞蹈、戏剧等艺术形式，并通过自己的表演来展示对不同文化的理解和感悟。这种实践性的学习方式，让学生有机会与来自不同文化背景的人进行交流和合作，从而培养了他们的跨文化交流能力。

美育的长期性为培养学生的国际视野和跨文化交流能力提供了持久的影响，美育不仅限于课堂上的学习，它更是一种长期、持续的过程。通过长期的美育熏陶和浸润，学生可以逐渐培养出对多元文化的兴趣和热爱，形成自己的国际视野和跨文化交流能力。这种能力将伴随他们一生，使他们在未来的学习、工作和生活中更加自信、从容地面对来自不同文化背景的人和事。

美育的多元性、直观性、实践性和长期性等特点，有助于培养学生的跨文化交流能力，为他们的未来发展奠定坚实的基础。因此，高校应该充分重视美育在教育中的重要作用，为学生提供更加丰富、多元的美育资源，让美育在学生的成长和发展中发挥更大的作用。

可见，高校美育不仅深化学生的审美感知，使情感世界细腻丰富，更着力提升学生的道德修养，塑造正直品格与高尚情操。同时美育的触角延伸至全球，拓宽学生的国际视野，让他们在全球文化的海洋中遨游，成为具有全球意识与跨文化交流能力的时代青年，这一过程，是对学生个体潜能的深度挖掘，也是对社会未来的深远投资。它不仅为学生铺设了一条通往全面发展的宽广大道，更是为社会注入了充满活力、具备国际竞争力的高素质人才，共同推动社会进步与文明发展的车轮滚滚向前。

1.2.2 高校美育的社会意义

（1）高校美育批判选择文化

高校美育的文化批判与选择是一项重要的实践活动，旨在引导学生审视和评价各种文化现象，以培养学生的批判性思维和文化理解能力。在实施文化批判时，教育者需全面了解所涉及文化的发展历程、结构特征以及其在特定社会环境中的生成与演变。这种深入了解有助于确保对文化的批判是科学和客观的，能够准确识别并评价文化中的优秀成分和不足之处。审美活动的过程不仅包括对已被广泛认可的优秀文化的鉴赏，也包括对那些不被普遍接受或被质疑的文化现象进行审视。在这个过程中，学生通过与他人的交流和比较，逐步形成自己的审美判断和文化偏好。这种交流不仅促进了文化间的对话与理解，也有助于挖掘并推广其他文化中的优秀成分，进而丰富整体的审美体验和文化选择。然而，由于实施者自身能力和背景的限制，会导致在文化选择上存在一定的偏见或局限性。他们易于对自己国家或民族的文化进行积极评价，对其他文化的负面特征则相对忽视或简化。尽管如此，这种过程本身也是文化批判的一部分，因为它通过多元文化的比较和交流，促进了对不同文化背景和传统的理解与尊重。

总体而言，高校美育的文化批判与选择不仅仅是学术性的分析活动，更是一种文化交流和价值观探索的过程。通过这些活动，学生不仅学会如何评价和理解文化作品的艺术性和社会意义，还能够培养出跨文化交流和合作的能力，从而为他们未来的学术研究和社会实践打下坚实的基础。

（2）高校美育传播活化文化

高校美育在传播文化方面具有独特的使命和作用，不同于一般的美育，它是高等教育的一部分，通过艺术教育等多种手段，深入挖掘和传达各种文化的精神内涵和价值。通过学生对经典文学作品如《红楼梦》的赏析，引导他们深入体验和理解作品所反映的传统文化。这些作品不仅是文学艺术的代表，更承载着丰富的历史、社会与人文内涵，能够激发学生对文化深层次的兴趣与热爱。

高校美育传播文化的方式可以分为纵向传播和横向传播。纵向传播是指文化在时间上的延续，通过代代相传，使得人类积累的优秀文化得以传承和发展。横向传播则是指文化在空间上的流动，通过跨文化交流与比较，促进不同地域和民族间文化的互动与融合。这种全面的文化传播有助于拓宽学生的视野，培养其跨文化交流的能力和开放的国际视野。

此外，高校美育通过对艺术品的赏析和理解，活化文化，使得文化不再仅限于静态的历史记录，而是通过艺术形式呈现出来，成为生动且具有感染力的文化形象。犹如电影艺术通过视觉和听觉的表达，能够将历史文化转化为活跃的视听形象，使得观众能够更直观地感受到文化的内涵与魅力。

通过审美活动，高校美育能够使文化成为影响和塑造个体心理与行为的现实力量，进而促进个体全面发展与社会进步。所以，高校美育在传播和活化文化方面具有重要意义和使命。深入挖掘和广泛传播优秀文化，不仅丰富了学生的审美经验和文化素养,也为文化的传承与创新提供了坚实的教育基础和人才支持。这种文化传播的过程不仅是对历史与传统的尊重,更是对未来社会发展和文化多样性的促进与贡献。

(3) 高校美育交流融合文化

文化作为特定时期和地域的人们思想与行为的综合体现,其内涵和外延决定了其地域性和个性化。在高校教育的开放系统中,不同民族和国家的学生汇聚一堂,他们在审美活动中所展现的审美心理结构各不相同,因而对同一审美对象的评判也不尽相同。这种多样化的审美观点和情感反应,激发了学生对他人文化的好奇心和交流愿望,促使他们积极进行跨文化的交流与对话。高校美育不仅仅是选择本民族、本国家的优秀艺术作品作为审美对象,更重要的是选取其他民族、其他国家的艺术精品。通过对多样文化的深入理解和欣赏,学生能够超越地域和国界的限制,增进对全球多元文化的认知和尊重。这种文化传播和交流不仅丰富了学生的审美体验,还深化了他们对文化多样性的理解和包容,从而推动了文化的全球化进程。

高校美育在促进文化交流的同时,也在推动文化的融合。文化的融合并非简单地把不同文化的特质相加,而是通过吸收和整合其他文化的优秀成分,引发原有文化的变革与发展。学生能够在艺术作品的赏析过程中发现不同文化间的共通点,如建筑材料、结构和线条等,从而深化对他国建筑文化的理解和赞赏,进而影响并丰富本国建筑文化的发展方向。

高校美育通过批判选择、传播活化、交流融合等多方面的实践活动,促使各种文化在全球化的背景下不断更新和演变。在当前全球化进程中,文化的交流、联系和理解是其他方面如经济和政治发展的基础和先决条件。高校美育作为高等教育的重要组成部分,正通过自身独特的功能和影响力,在推动文化全球化进程中发挥着积极的作用和重要的意义。高校美育社会意义非凡,不仅是文化精髓的筛选者与传播者,更是文化创新的催化剂。通过批判性选择,美育剔除糟粕,保留精华,维护文化的纯净与活力,同时又是文化的桥梁,将古今中外的艺术瑰宝传递给世人,激发公众的文化共鸣与审美追求。在未来,随着社会的飞速发展,高校美育将更加凸显其重要性,不仅助力文化传承与创新,更将显著提升全民的文化素养与审美品位,为社会的和谐与进步铺设坚实的文化基石。高校美育的目的和意义如图1.1。

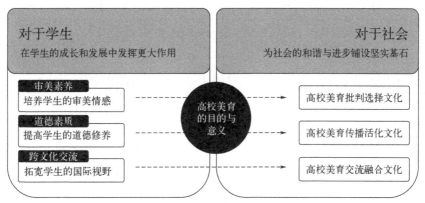

图 1.1 高校美育的目的和意义分解图

1.3 高校美育与其他教育

1.3.1 以美育德,实现情感修养与道德观念相融合

德育,即思想品德教育,是指教育者按照一定的社会或阶级要求,有目的、有计划、有系统地对受教育者施加思想、政治和道德等方面的影响,并通过受教育者积极的认识、体验与践行,使其形成一定社会与阶级所需要的品德的教育活动。在情感教育的舞台上,美育与德育相互交织,通过艺术创作、音乐表演、戏剧演出等丰富多彩的活动,学生勇敢地表达和分享内心的情感,激发同理心,唤醒善良与责任感,这正是德育所珍视的品质,也是塑造学生健全人格的关键。同时,美育也在潜移默化中提升了学生的道德判断力,学生在深入理解和分析艺术作品的过程中,不仅学会了评价作品的审美价值,更能够洞察作品背后的思想、情感及其对社会道德的映射,从而培养出独立、批判的审美观念。

美育与德育的结合,还体现在对文化多样性的尊重与理解上。通过学习和欣赏不同文化背景下的优秀艺术作品,学生不仅加深了对自身文化的认同与热爱,更学会了以开放、包容的心态看待多元化的社会现实。这种文化理解与认同,让学生在跨越文化界限的沟通与交流中更加自如,也为他们未来在全球化社会中立足提供了有力支撑。

高校美育与德育的融合,为学生提供了一方成长的沃土,在这片沃土上,学生不仅能够在学术上追求卓越,更能够在情感、道德和文化等多个维度上实现全面发展。他们将成为具备批判性思维、道德感和文化理解能力的现代公民，为社会的进步与发展贡献自己的力量。

1.3.2 以美启智，实现艺术思维与创造能力相促进

智育，不仅是文化科学知识的传授，更是创造力的培养与提升，涵盖了创新思维、实践能力和跨学科整合等多维度，旨在通过丰富的教育资源、个性化的教学方法和跨学科的探索活动，激发学生的创造潜能。在智育过程中，学生被鼓励独立思考、勇于尝试，并在实践中发现问题、解决问题，从而培养出适应未来社会发展所需的创新型人才。美育不仅是对学生审美能力的培养，更是对他们情感、想象力和创造力的滋养。在艺术作品的欣赏和创作中，学生学会了用心去感受、去体验，这种感知能力同样适用于对知识的理解和探索。艺术作品所蕴含的深刻内涵和独特视角，能够激发学生的思考，拓宽他们的思维边界，使他们在学术研究中更具创造性和批判性。

智育中的能力在艺术创作中同样至关重要，学生在理解艺术作品的内涵时，需要运用所学的知识和逻辑，进行深入的剖析和解读，这种跨学科的思考方式有助于培养他们的综合素质和创新能力。当美育与智育相结合，学生的综合素养得到了全面提升。在艺术创作中，学生不仅运用了所学的知识和技能，更在过程中培养了创新思维和解决问题的能力。同时，艺术作品所蕴含的情感和哲理，也为学生提供了思考和探索的素材，促进了他们情感的发展和认知的深化。

在高校教育中，美育与智育的互补，为学生提供了一个宽广的舞台。学生不仅可以在艺术的熏陶下提升审美能力和创造力，更可以在学术的海洋中畅游，探索知识的奥秘。这样的教育环境，无疑为学生未来的成长和发展奠定了坚实的基础，使他们成为既有知识又有能力、既有情感又有理性的未来社会的中坚力量。

1.3.3 以美健体，实现审美体验与身体健康同发展

体育，无疑是锻炼学生体魄的绝佳途径，更重要的是，学生通过参与体育运动，能够在团队合作中学会互助、竞争与合作并存，培养出坚韧不

拔、自强不息的品质。每一次的汗水挥洒，都是对自律、坚韧和毅力的磨砺，这些品质在学术和职业领域同样熠熠生辉。美育，以其独特的艺术魅力，为学生打开了一扇感知美、创造美的窗户。当美育与体育相结合，艺术表演、舞蹈、体育赛事等形式的活动便成为学生展现自我、交流情感的平台。在舞蹈的韵律中，在体育赛事的竞技中，学生不仅能够锻炼身体，更能够在艺术的熏陶下，提升审美能力和创造力，展现出独特的个人风采和团队合作精神。这种结合，不仅让学生在身体活动中找到了乐趣，更在无形中增强了他们对美的感知和表达能力。舞蹈的柔美与力量，体育赛事的紧张与激情，都让学生在身心得到锻炼的同时，也在无形中提高了情绪管理能力和抗挫折能力，有助于维持心理的健康与平衡。

高校美育与体育的互补，为学生提供了一个全面发展的舞台，学生不仅可以通过体育锻炼塑造强健的体魄，更可以通过艺术活动培养审美能力和创造力；不仅可以在团队中学会合作与竞争，更可以在艺术的熏陶下提升自我表达和沟通能力。这样的教育环境，无疑为学生未来的成长和发展奠定了坚实的基础，使他们成为既有知识又有能力、既有责任又有担当的未来社会的中坚力量。

1.3.4 以美促劳，实现艺术实践与社会参与相结合

劳育，作为一种通过实际劳动活动培养学生能力的教育方式，着重在于增强学生的实践能力、动手能力和团队协作精神。学生通过亲身参与劳动，不仅学会了各种技能，更在过程中学会了如何与他人合作，如何面对和解决问题。这种能力在未来的职场中是极为宝贵的，它帮助学生更好地应对各种挑战，提升个人的综合素质。而美育，则通过艺术教育和创作，培养学生的审美意识、艺术表达能力和创新精神。在美术课程中，学生可以通过绘画、雕塑等艺术形式，将自己的情感和想法表达出来，这不仅能够培养他们的艺术审美能力，还能够锻炼他们的耐心、细致和创造性思维。当美育与劳育相结合时，其效果更是倍增。学生通过艺术创作来展示他们通过劳动活动所学习的技能和经验，这不仅加深了他们对劳动的理解和尊重，也进一步提升了他们的艺术表达能力。同时，学生在参与社区服务、义工活动等劳动活动时，也可以运用他们的艺术知识和技能，为社会做出更多的贡献。

高校美育与劳育的结合，不仅有助于学生的个人成长，更有助于他们

成为具有社会责任感和创新能力的未来领导者。在这样的教育模式下，学生不仅能够在学术上取得优异的成绩，更能够在实践中锻炼自己，成为既有知识又有能力的新时代青年。这样的教育模式，无疑将为社会的发展和进步注入更多的活力和动力。

高校美育与德育、智育、体育、劳育四者相辅相成，共同推动学生全面发展。美育在高校教育中扮演着不可或缺的角色，它与德育、智育等其他教育领域之间存在着密切而互补的关系，这种关系共同促进了学生的全面发展和人格提升。首先，美育与德育相辅相成，通过艺术、文学等形式，引导学生探索作品背后的道德、人性价值，培养他们的道德观念和品格；其次，美育与智育相互促进，不仅扩展学生的知识面，还通过艺术作品的深度解析，锻炼他们的逻辑思维和创新能力；此外，美育与体育的结合，让学生在运动中感受美的韵律，提升情绪管理和抗挫折能力；最后，美育与劳育的融合，则为学生提供了创新的平台，培养他们的跨学科思维和解决问题能力。这种多元教育模式的结合，为学生提供了一个全面的成长环境。在美育的熏陶下，学生不仅能够欣赏美、创造美，还能在情感、道德、智力和体能等多个方面得到均衡发展。这有助于培养出既有知识又有能力、既有情感又有理性的现代公民，为社会的进步与发展贡献力量。高校美育与其他教育关系如图1.2。

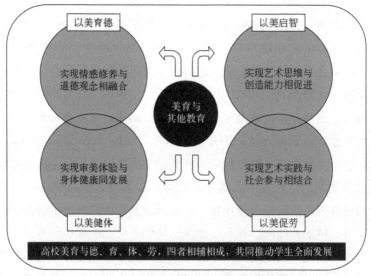

图1.2　高校美育与其他教育关系图

第 2 章　马克思主义美学观

马克思主义美学观以培养全面发展的人为崇高目标，旨在通过审美教育唤醒人们对美的感知和追求，激发人的创造力和能动性，深刻揭示了美与人类实践活动的紧密关联，从而推动社会的进步和人类的解放。马克思主义美学观将美与社会的经济基础、阶级结构以及意识形态紧密相连，深刻剖析了经济基础与上层建筑、物质生产与精神文化之间的相互关系，使我们能够从社会发展的本质中去理解美的生成、演变和价值。

2.1　生产美学

2.1.1　生产美学的概念和基本原理

在当今这个日新月异的时代，美学已不再局限于传统的艺术领域，而是逐渐渗透到社会生活的每一个角落，融入最为基础且不可或缺的生产活动之中。生产美学，作为美学的一个新兴且充满活力的分支，正以其独特的视角和深远的影响力，引领着生产实践的新风尚。它不仅仅是对生产活动中审美规律的探索，更是对美学与生产深度融合的一次深刻尝试，旨在通过美学的力量，优化生产过程，提升产品美感，最终满足人们日益增长的审美需求。

生产美学之所以被称为一门综合性的边缘学科，是因为它横跨了多个学科领域，包括美学、经济学、生产组织学、心理学和生理学等。这种跨学科的特性使得生产美学在理论构建和实践应用中都具有极高的灵活性和创新性。美学为生产活动提供了审美标准和审美指导，而经济学则关注生产效率和经济效益，生产组织学则强调生产流程的科学管理，心理学则探索劳动者在生产过程中的心理状态和情绪变化，生理学则关注人体在生产环境中的生理反应和适应性。这些学科知识的有机融合，为生产美学提供了坚实的理论基础和丰富的实践资源。

在生产美学的视野下，劳动主体（即劳动者）不仅是物质财富的直接生产者，更是美的创造者和传承者，他们的健美体质、熟练技艺和高尚职业道德共同构成了劳动主体美的核心要素。健美体质是劳动者进行高效生产的基础，而熟练技艺则是他们创造优质产品的重要保证。更重要的是，劳动者所展现出的高尚职业道德和敬业精神，不仅提升了产品的内在品质，也传递出了一种积极向上的社会价值观。因此，在生产过程中，大众充分尊重劳动者的主体地位，关注他们的身心健康和职业发展，激发他们的创造力和工作热情，让劳动主体美成为生产活动中最亮丽的风景线。

劳动客体，即通过劳动创造出的产品，是生产美学的直接体现，更是美学价值与市场竞争力的双重提升。在现代社会，消费者对产品的需求已不再局限于其实用功能，而是更加注重其美学价值和情感共鸣。因此，在产品设计和制造过程中，大众必须充分运用美学原理，注重产品的外观造型、色彩搭配、材质选择等方面，创造出形式多样、丰富多彩且富有文化内涵的产品。这样的产品不仅能够满足消费者的审美需求，提升他们的购买意愿和忠诚度，还能够在激烈的市场竞争中脱颖而出，为企业赢得更大的市场份额和品牌影响力。

劳动工具作为连接劳动主体和劳动对象的媒介，其美学设计同样不容忽视。一个设计精美、功能完善的劳动工具不仅能够提高劳动者的操作便利性和舒适度，还能够激发他们的劳动情绪和工作热情，是激发劳动情绪与提高工作效率的双重效应。同时，劳动工具的美学设计还能够反映出企业的品牌形象和文化底蕴，为企业树立良好的社会形象和口碑。

良好的劳动环境是生产活动顺利进行的重要保障。一个空气清新、光线充足、色彩和谐、声音悦耳、温度适宜且秩序井然的劳动环境能够显著提升劳动者的舒适度和工作效率。在这样的环境中工作，劳动者能够保持愉悦的心情和饱满的精神状态，从而更加专注地投入生产活动中去。因此，在生产过程中，大众应该注重劳动环境的优化和改造，通过引入绿色植被、设置休息区、改善照明条件等措施来营造一个温馨舒适的劳动氛围。同时，大众还应该加强劳动环境的卫生管理和安全监管工作，确保劳动者的身体健康和生命安全。

社会化大生产需要科学的组织管理来保障其高效运行。劳动组织不仅关乎劳动定额和定员的编制、劳动过程的安排等具体事项，更关乎整个生产体系的和谐与稳定。一个科学合理的劳动组织能够激发劳动者的积极性和创造力，形成团结协作的工作氛围；而一个和谐稳定的生产体系则能够减少内部矛盾和冲突的发生，提高整体的生产效率和经济效益。因此，在生产过程中，大众应该注重劳动组织的科学性和民主性建设，充分尊重劳动者的意见和建议；同时加强内部沟通和协作机制的建设，促进信息的顺畅流通和资源的优化配置；最后还要关注职工队伍的建设和发展问题，为他们的成长和进步提供有力的支持和保障。

2.1.2 生产美学在社会实践中的应用

在日新月异的现代社会，生产美学作为一门交叉学科，正逐步渗透并深刻改变着大众的生产生活方式。它不再局限于传统制造业的范畴，还在工业生产、农业生产乃至文化产业等多个领域展现出其独特的魅力和无限的潜力。生产美学的广泛应用，不仅推动了产品设计与生产过程的革新，更在提升民众生活质量、促进经济多元化发展方面发挥着不可估量的作用。

在工业生产领域，生产美学的应用已成为企业提升竞争力的重要手段。企业不再仅仅满足于产品的功能性需求，而是更加注重产品的外观设计、材质选择以及用户体验，力求在满足消费者基本需求的同时，赋予产品更多的审美价值。通过引入先进的设计理念和技术手段，企业能够创造出既实用又美观的产品，从而在市场上脱颖而出。同时，生产美学还促进了生产工艺的改进和设备的美观化。现代化的生产线往往融合了美学元素，不仅提高了生产效率，还为员工创造了一个更加舒适、愉悦的工作环境。这种环境有助于激发员工的创造力和工作热情，进一步提升产品质量和生产效率。此外，企业还通过改善劳动环境、加强安全管理等措施，确保员工在良好的工作条件下发挥最佳状态，为企业的发展注入源源不断的动力。

在农业生产领域，生产美学的应用同样具有重要意义。随着城市化进程的加快和人们对生活品质要求的提高，乡村旅游和休闲农业逐渐成为新的消费热点。农民通过审美创造，将田园景观化、村庄文明化、自然生态化和产品审美化融为一体，不仅美化了农村环境，还提升了农产品的附加值和市场竞争力。农民通过合理布局农作物种植区域、打造特色田园景观、推广生态农业等措施，不仅提高了土地利用率和农产品质量，还吸引了大量游客前来观光旅游。这不仅为农民带来了可观的经济收入，还促进了农村经济的多元化发展。同时，农业生产中的美学实践也增强了农民的环保意识和生态观念，推动了农业的可持续发展。

文化产业作为现代经济的重要组成部分，其发展与生产美学的应用密不可分。文化产业以其独特的审美价值和文化内涵吸引着广大消费者的关注。在文化产业中，生产美学的应用体现在多个方面：从影视作品的创作与制作到书籍的出版与发行；从文化活动的策划与组织到文化产品的设计与开发……每一个环节都蕴含着美学的智慧与创意的火花。以海洋文化产业为例，其通过水上数字影视园、沙滩音乐节、游艇艺术表演等多种形式展现了浓郁的海洋特色和艺术魅力。这些活动不仅为观众带来了全新的审美体验和文化享受，还促进了海洋文化的传播与交流。同时，海洋文化产业的发展也带动了相关产业链的延伸和拓展，为经济增长注入了新的活力。

生产美学在社会实践中的广泛应用不仅提升了产品和服务的审美品质和市场竞争力，还激发了人们的创造力和工作热情，促进了经济社会的全面发展。未来，随着科技的不断进步和人们审美需求的日益多样化，生产美学的应用前景将更加广阔。大众有理由相信，在生产美学的引领下，社会将变得更加美好、更加和谐、更加富有创造力。因此，大众应该高度重视生产美学的研究与推广工作，鼓励更多的企业和个人参与到生产美学的实践中来。通过不断的探索与创新，大众定能创造出更多具有审美价值和社会意义的产品和服务，为人类的文明进步贡献更多的智慧和力量（图2.1）。

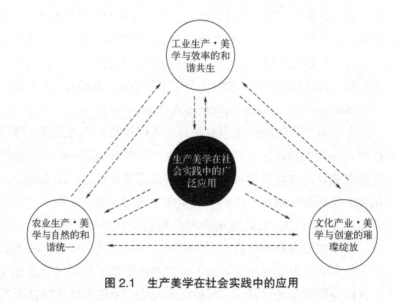

图2.1　生产美学在社会实践中的应用

2.2 社会阶级与审美

2.2.1 马克思主义对社会阶级与审美关系的理论阐述

在马克思主义的理论体系中,历史唯物主义不仅是理解社会变迁的钥匙,也是剖析文化、艺术乃至审美现象不可或缺的理论基石。马克思以其深邃的洞察力,揭示了物质生产方式对包括审美活动在内的所有精神生活领域的决定性影响,从而为大众理解社会阶级与审美之间错综复杂的关系提供了丰富的理论资源。马克思指出,物质生活的生产方式不仅塑造了社会的基本结构,还深刻地影响着人们的思维方式、价值观念乃至审美意识。

审美活动作为人类精神生活的重要组成部分,并非孤立于物质世界之外,而是深深植根于特定的物质生产条件之中。不同阶级的物质生活条件,如生产方式、分配制度、消费习惯等,都直接或间接地塑造着他们的审美观念和审美趣味。在封建社会,地主阶级凭借其土地所有权和剥削剩余价值的权力,享受着相对优渥的物质生活。这种生活状态反映在他们的审美趣味上,便是对奢华、繁复的艺术形式的偏爱,以及对精致手工艺品的热衷。相比之下,农民阶级则因长期受到经济压迫,其审美趣味更加倾向于实用性和朴素性,他们更倾向于欣赏那些能够直接反映生活、表达情感的民间艺术。

艺术作品作为审美活动的具体表现形式,不仅是艺术家个人情感和才华的结晶,更是特定社会阶级意识和价值观的集中体现。在阶级社会中,艺术往往成为统治阶级巩固其统治地位、传播其意识形态的重要工具。通过艺术,统治阶级能够将自己的价值观念、道德标准乃至政治理想潜移默化地传递给社会大众,从而维护其统治的合法性和稳定性。然而,艺术并非完全被动地服务于统治阶级。在特定的历史条件下,艺术也能成为反抗压迫、争取自由的重要力量。艺术家们通过创作具有批判性和颠覆性的作品,揭示社会矛盾、批判现实不公,激发人们的觉醒和反抗精神。这种艺术实践不仅挑战了统治阶级的意识形态霸权,也为社会变革提供了强大的精神动力。

马克思强调艺术在社会发展中具有不可替代的作用。艺术作品通过其独特的表现形式和深刻的内涵,能够揭示社会矛盾、反映人民疾苦、弘扬真善美。这种社会功能使得艺术成为不同阶级之间斗争和妥协的重要领域。通过艺术，人们可以跨越阶级界限，共同关注社会问题、探讨人类命运，从而增进相互理解和尊重。在资本主义社会中，尽管艺术作品往往受到市场机制的制约，但艺术家们仍然可以通过创作具有深刻社会意义的作品来影响社会舆论、引导社会思潮。如现实主义画家通过描绘工人阶级的艰辛生活和悲惨命运，引发了社会对资本主义制度的深刻反思和批判。这些作品不仅提高了工人阶级的自我意识和斗争精神，也为后来的社会变革奠定了思想基础。

在资本主义社会中，艺术作品往往被纳入商品经济的范畴，成为市场上的一种特殊商品。这种变化既为艺术的发展提供了新的机遇和动力，也带来了前所未有的挑战和困境。一方面，市场机制为艺术家提供了更多的创作自由和表达空间，使他们能够根据自己的兴趣和才华进行创作；另一方面，市场规律也迫使艺术家不得不考虑作品的商业价值和市场前景，从而在一定程度上牺牲了创作的独立性和真实性。社会阶级在这一过程中发挥着重要作用。统治阶级通过掌握市场资源和话语权，往往能够引导艺术市场的走向和审美潮流。而较低社会阶层的艺术家则往往面临更大的生存压力和创作困境。他们需要在保持艺术独立性和满足市场需求之间找到平衡点，这无疑是对他们艺术才华和创造力的巨大考验。

马克思主义美学观为大众理解社会阶级与审美之间的关系提供了深刻的理论洞见，它揭示了物质生产对审美意识的决定性作用、艺术与阶级之间的复杂关系、艺术在社会发展中的重要作用，以及艺术生产与商品经济之间的辩证关系。这些理论观点不仅有助于大众更好地理解历史和文化现象背后的深层次原因和规律，也为大众推动社会进步和文化繁荣提供了宝贵的思想资源。

2.2.2 社会阶级对审美趣味和审美标准的影响

在探讨社会阶级对审美趣味与审美标准的深远影响时，应深入社会经济结构的肌理之中，去理解这一多维度、多层次的现象是如何塑造并反映不同群体的价值取向与精神追求的。这一过程不仅揭示了经济基础与文化现象之间的紧密联系，还触及了文化资本、社会角色、历史传承等多元因素的交织作用，共同绘制出一幅丰富的社会审美图景。

经济基础作为社会结构的基石，其差异直接映射在审美领域，成为不同阶级审美趣味与标准分化的首要原因。统治阶级，凭借其雄厚的经济实力，能够轻松触及并享受那些需要高额投入才能创造或获取的艺术与文化产品，从古典音乐会的门票到私人艺术收藏，从定制的高级时装到奢华的生活空间，这些不仅仅是物质享受的象征，更是他们独特审美趣味和品位的体现。相比之下，较低社会阶层的审美选择往往受限于经济条件，他们更倾向于选择那些既实用又经济的物品，这种选择背后是对生活必需品的优先考虑，而非纯粹的审美追求。因此，经济基础不仅决定了人们能够接触到的审美资源，还间接塑造了他们的审美偏好和价值取向。

文化资本作为个人或群体在社会文化领域中的积累与传承，是影响审美趣味和标准的另一重要因素。它不仅仅包括学历、知识等显性因素，还涵盖了艺术鉴赏能力、审美判断力等隐性能力。统治阶级往往通过良好的教育背景和丰富的文化体验，积累了大量的文化资本，这使得他们能够更深入地理解艺术作品的内涵，欣赏其艺术价值，从而形成更为复杂和高雅的审美趣味。而缺乏相应文化资本的群体，在面对艺术作品时感到困惑或无法产生共鸣，他们的审美标准往往更加朴素和直接，更侧重于作品的实用性和直观感受。这种文化资本的差异，进一步加剧了不同阶级在审美领域的分化。

社会阶级还通过赋予个体特定的社会角色来影响其审美趣味和标准。每个社会角色都承载着一定的社会期望和行为规范，这些规范在很大程度上影响了人们的审美选择。上层社会为了维持其社会地位和身份认同，倾向于选择那些能够彰显其高贵、优雅气质的艺术品和服饰；而工人阶级则更多地从实用角度出发，选择能够满足其工作和生活需求的物品。这种基于社会角色的审美选择，不仅是对个人身份的一种表达，也是对社会规范的一种适应和遵从。同时，随着社会变迁和个体流动性的增加，社会角色与审美趣味之间的关系也变得更加复杂和多元。

历史传承与变迁是影响审美趣味和标准的又一重要维度。不同历史时期的社会阶级结构、经济状况和文化背景都会对当时的审美观念产生深刻影响。从古代皇家的宫廷艺术到现代社会的街头文化，从欧洲古典油画到亚洲水墨丹青，每一种审美风格的形成和发展都与其所处的时代背景紧密相连。随着社会的进步和变迁，旧的审美标准不断被打破和重构，新的审美趣味应运而生。在这一过程中，社会阶级的影响始终贯穿其中，既推动了审美观念的多元化发展，又在一定程度上限制了某些审美趣味的传播和接受。马克思主义美学观为大众提供了一种深刻理解和分析社会阶级与审美关系的理论框架。它强调经济基础对上层建筑的决定作用，同时也关注到文化资本、社会角色、历史传承等多元因素在审美领域中的复杂作用。在这一理论视角下，大众可以更加清晰地看到社会阶级对审美趣味和标准的影响是如何通过经济、文化、社会等多个层面相互交织、相互作用的。同时，马克思主义美学观还鼓励大众批判性地审视现有审美观念中的阶级偏见和局限性，寻求超越阶级局限的审美共识和价值追求。

社会阶级对审美趣味和审美标准的影响是一个复杂而深远的话题。它涉及经济基础、文化资本、社会角色、历史传承等多个方面的因素，共同构成了一个多维度的审美生态系统。在这个系统中，不同阶级的审美趣味和标准既相互区别又相互交织，共同推动着人类审美文化的多样化和进步。因此，在探讨这一话题时，需要保持开放的心态和批判的思维，既要认识到社会阶级对审美领域的影响是客观存在的，又要努力超越阶级局限，寻求更加广泛和深刻的审美共识和价值追求。

2.3 艺术的社会功能

2.3.1 艺术作为阶级斗争的工具

在艺术史的长河中，关于艺术是否直接作为阶级斗争工具的讨论，始终是一个复杂而引人入胜的话题。这一观点之所以存在争议，是因为它触及了艺术本质的多元性及其在社会结构中扮演角色的多样性。从更广阔的视角审视，艺术不仅仅是政治斗争的附庸，更是人类情感、智慧与创造力的结晶，其影响力深远且广泛，远远超出了直接服务于阶级斗争的范畴。

艺术作为一种创造性的表达形式，其根本在于对人类经验、情感、思想和想象的深度挖掘与展现。它通过色彩、线条、声音、文字等媒介，构建出一个超越现实的虚拟世界，让读者、观众或听众在其中寻找共鸣、启发与慰藉。艺术的独特之处在于其能够跨越时间与空间的限制，触及人类共同的精神领域，激发无限的想象与创造。艺术作为社会生活的镜子，确实能够反映社会的不公、阶级矛盾等深刻问题，然而这种反映并非单一的、线性的，而是多层次、多角度的。艺术家通过作品传达的，不仅仅是表面的社会现象，更是对现象背后深层次原因的探讨与批判，以讽刺、隐喻、象征等手法，揭露社会的不公与腐败，激发公众对正义与公平的渴望。同时艺术也是时代精神的体现。不同历史时期、不同社会背景下的艺术作品，都带有其独特的时代烙印，它们记录了社会的变迁、人们的追求与梦想，以及面对困境时的坚韧与抗争。这种记录与传承，不仅丰富了人类的文化遗产，也为后人提供了理解历史、认识社会的宝贵资料。

尽管艺术不直接等同于阶级斗争的工具，但它却能够通过其独特的表达方式，激发人们的思考与行动，从而间接地参与到社会变革中。艺术作品往往能够触动人心，引发人们对社会问题的关注与思考。当观众在欣赏艺术作品时，他们的情感被唤醒，思维被激活，开始反思现实、审视自我，并寻求改变现状的途径。此外，艺术还能够激发人们的创造力与想象力。在艺术的熏陶下，人们学会了以不同的视角看待世界，学会了用创新的思维解决问题。这种创造力的提升，不仅有助于个人成长与发展，更为社会进步提供了源源不断的动力。艺术在社会中还具有强大的团结与凝聚功能，它跨越了语言、文化和地域的界限，将不同背景、不同信仰的人们紧密地联系在一起。通过艺术欣赏与创作活动，人们能够增进相互之间的了解与信任，共同追求美好的精神生活。在艺术的世界里，人们找到了共鸣与归属感，感受到了彼此之间的连接与温暖。此外，艺术还是社会教育与文化传播的重要载体，通过艺术教育与普及活动，人们能够学习到丰富的历史文化知识，提升审美能力与文化素养。这种教育与文化的传承，不仅有助于培养人们的综合素质与创新能力，更为社会的和谐稳定与繁荣发展奠定了坚实的基础。

艺术并非直接作为阶级斗争的工具而存在，但其影响力却远远超出了这一范畴，通过其独特的表达方式和审美价值，深刻地影响着人们的思想、情感与行为。它不仅是社会现实的反映者，更是社会变革的推动者；不仅是个人成长的催化剂，更是社会团结的纽带。在未来的社会发展中，艺术将继续发挥其不可替代的作用，为人类的文明进步贡献自己的力量。因此，高校应当以更加开放与包容的心态去理解和欣赏艺术，不仅要关注其作为阶级斗争工具的潜在价值，更要深入挖掘其作为文化传承、情感交流、社会团结等多重功能的深刻内涵。只有这样，大众才能真正领略到艺术的魅力与力量，让艺术成为推动社会进步与文明发展的重要力量。

2.3.2 艺术作为社会生活的反映

艺术自古以来便是社会生活深刻而细腻的镜像，它不仅记录着时代的变迁，更承载着人类情感的波澜与思想的火花。这一观点，穿越时空的界限，被无数艺术家、学者及普罗大众所共鸣与认同，它深刻地揭示了艺术与社会生活之间那不可分割、相互依存的关系。

从本质上讲，艺术是一种高度凝练与升华的社会表达方式。它不仅仅是对外在世界的简单复制或模仿，更是艺术家内心世界与社会现实深刻交融的产物。艺术家们以敏锐的观察力捕捉社会生活的点滴细节，以深邃的思考力剖析时代的脉络与精髓，最终通过独特的艺术语言和形式，将这些感受与思考转化为触动人心、引人深思的艺术作品。在这个过程中，艺术成为连接个体与社会、现在与过去的桥梁。它让大众得以跨越时空的界限，窥见那些已逝岁月的风貌，感受那些遥远地域的文化气息。同时，艺术也是社会情绪的晴雨表，它及时地反映出人们对生活的态度、对未来的期许以及对现实的批判与反思。每一幅画作、每一首乐曲、每一部戏剧，都是特定时代与地域社会风貌的生动写照。它们或细腻地描绘出市井生活的烟火气，或宏大地展现出历史转折的壮阔场景，让后人得以通过这些艺术作品，直观地感受到那个时代的脉搏与气息。在中国古代绘画中，可以看到不同朝代的社会风貌与审美追求：唐代绘画的雄浑大气、宋代工笔的细腻温婉、元代水墨的豪放不羁……这些作品不仅展示了当时艺术家的技艺水平，更深刻地反映了那个时代的社会经济、政治文化以及人们的审美观念。同样地，在西方艺术史上，从文艺复兴时期的古典主义到印象派的色彩革命，再到现代艺术的抽象与解构，每一个艺术流派与风格的兴起与演变，都与社会生活的变迁紧密相连，它们以各自独特的方式，记录着人类文明的进步与发展。

艺术家作为社会生活的敏锐观察者，他们总是能够捕捉到那些被常人忽视的细节与情感。他们用自己的方式去解读这个世界，去表达对社会的看法和态度。在这个过程中，艺术成为他们传递情感与思想的重要载体。许多伟大的艺术家，如达·芬奇、毕加索、梵高等人，他们的作品不仅展现了高超的艺术技巧，更蕴含了深刻的思想内涵。他们通过艺术创作，对人性、社会、自然等进行了深入的探索与思考，为后人留下了宝贵的精神财富。同时，艺术家也是社会变革的推动者，他们的作品往往能够引发人们对社会问题的关注与思考,从而激发人们的变革意识与行动力量。在这个意义上,艺术不仅是一种审美活动,更是一种社会运动。

当观众置身于艺术作品时,他们不仅是在欣赏美的过程中得到了心灵的慰藉与愉悦,更是在感受社会生活的真实面貌与艺术的独特魅力。艺术作品以其独特的语言与形式,打破了时间与空间的限制,让观众得以跨越现实的束缚,进入一个充满想象与可能的世界。在这个过程中,观众与艺术家之间建立起了一种微妙的情感联系。他们通过艺术作品与艺术家进行心灵的对话与交流,共同探索人性的奥秘与社会的真谛。这种体验不仅丰富了观众的精神世界,也促进了人类文化的传承与发展。艺术作为社会生活的反映与情感的共鸣体,它以其独特的魅力与力量,连接着过去与未来、个体与社会、现实与理想。

2.3.3　艺术作为社会团结的纽带

艺术不仅仅是美的体现,更是文化的传承和情感的表达。在众多功能中,艺术作为一种团结和凝聚人心的力量,尤其值得深入探讨。艺术以其特殊的交流方式跨越了语言和文化的鸿沟,无论是音乐、绘画、雕塑还是舞蹈,它们都能够触动人心,让人们感受到共鸣。这种共鸣,正是艺术能够打破地域、民族和国家界限的关键所在。在全球化的今天,艺术成为一种世界性的语言,让人们能够跨越国界,紧密地联系在一起。社区艺术团和文化节等活动,就是艺术这一功能的生动体现。在这些活动中,艺术成为社区居民展示才艺、交流情感的平台,居民们通过参与这些活动,不仅展示了自己的才华,更在无形中增进了邻里之间的了解和信任。艺术的力量在这里得到了充分的体现,它像一根无形的纽带,将社区居民紧紧联系在一起,促进了社区的团结与和谐。

艺术作品中的共同主题和情感表达,同样具有强大的凝聚力和感染力,一幅描绘家乡美景的画作,一首歌颂亲情的歌曲,都能深深打动观众的心弦。这些作品所传递的情感和价值观,让观众产生了强烈的共鸣和认同感,从而增强了人们的归属感和民族自豪感。在这个过程中,艺术不仅传递了美的享受,更在潜移默化中传递了正能量,促进了社会的稳定和团结。此外,艺术教育和普及活动在培养人们的艺术素养和审美能力方面发挥着重要作用。通过这些活动,人们能够更深入地了解艺术的内涵和价值,从而提高整个社会的文化水平和文明程度。一个具有高度文化素养的社会,必然是一个更加和谐、包容和进步的社会。艺术教育的普及,不仅提升了个人素养,更为社会的团结和进步奠定了坚实的基础。艺术在社会中的功能远不止于此,它还作为阶级斗争的间接参与者,反映了社会生活的真实面貌。在历史的长河中,艺术作品往往成为记录时代变迁和反映社会矛盾的重要载体。通过艺术的形式,人们能够更直观地了解历史、认识社会,从而激发对美好生活的追求和向往。

艺术在社会中具有多重功能,这些功能相互交织、相互影响,共同构成了艺术在社会中的独特价值和地位。艺术作为一种跨越语言和文化的交流方式,以其独特的魅力将人们紧密地联系在一起。它不仅促进了社区的团结与和谐,更在无形中传递了正能量和价值观,引导人们共同追求美好的生活和理想。因此,大众应该更加珍视艺术在社会中的作用,积极推动艺术教育的普及和艺术创作的发展,让艺术的力量在更广阔的范围内得到发挥。在当今社会,随着科技的飞速发展和全球化的深入推进,人们之间的交流变得越来越频繁和紧密。在这样的背景下,艺术作为一种跨越语言和文化的交流方式,其重要性愈发凸显。大众应该充分利用艺术这一独特资源,通过举办各种艺术活动、推广艺术作品和加强艺术教育等方式,不断增进人们之间的了解和信任,为构建更加和谐美好的社会贡献力量。同时也要看到,艺术在社会中的功能并非一成不变,随着社会的发展和时代的变迁,艺术的形式和内涵也在不断丰富和拓展。因此,大众需要以开放的心态去接纳和理解各种新兴的艺术形式和表达方式,让艺术在不断创新中焕发出更加绚丽的光彩。要认识到艺术的价值不仅在于其审美功能,更在于其社会功能。通过艺术的力量,大众可以打破隔阂、增进了解、凝聚人心,共同追求一个更加美好的未来。

第 3 章　中华美育

中华美育根植于华夏大地深厚的文化土壤，强调个体修养与社会和谐的统一，注重通过审美教育培养人的品德、陶冶人的情操，使人们在美的感悟中达到身心的和谐、人与人的和睦、人与自然的共生。它承载着中华民族数千年的智慧与情感，在培养人们的审美情趣、提升文化素养的同时，激发了民族的创造力和创新精神，为中华民族的繁荣发展提供了源源不断的精神动力。

3.1　古代美育

3.1.1　早期美育思想的形成——西周的礼乐制度的崩溃与重构

西周时期，国学教育的内容可以总称为"六艺"，它是西周教育的特征和标志之一。"六艺"具体指礼、乐、射、御、书、数，构成了周朝贵族教育体系中的基本才能。先秦文献所载的"先王乐教"中提到周公制礼作乐，周公"制礼作乐"标志着古代美育发展的一个重大转折。礼乐制度贯穿于西周社会生活之中。《周礼》《礼记》等中都能体现其细致的内容与繁琐的限制。西周礼乐制度是西周社会的典章制度和道德规范，也是美育思想形成的重要基础。礼乐制度主要包括宗教仪式、宫廷礼仪和音乐演奏三个方面，它们共同构成了西周社会完整的礼仪和音乐体系，是周代教育的重要内容。在这一制度中，"礼"与"乐"是两个核心概念。其中"礼"通过外在的行为规范来强化人们的等级观念和身份认同，从而保持社会的稳定和有序。而"乐"的主要目的在于以音乐、艺术的方式向社会传递规则，影响人们的思维，促使人们按照"礼"来办事。它通过与"礼"的结合，共同发挥维护社会秩序和教化民众的作用，二者密不可分。

在东周，随着生产力的发展，诸侯国日渐强大，王室权威被削弱。诸侯国之间的混乱和战争频繁导致礼仪制度逐渐受到破坏，社会秩序混乱，道德风尚败坏。礼乐制度遭到破坏，礼乐仪式一改往日的严谨庄严，呈现逐渐崩溃之趋势，违礼之事经常发生，而"乐"慢慢挣脱礼制的束缚呈现出独立发展的趋势，其不再作为体现礼制的媒介。一些贵族为享受而将"乐"作为工具，失去其社会地位的象征作用与严肃性。

礼崩乐坏后，礼乐制度的发展经历了显著的变革与重构。面对礼崩乐坏的局面，一些思想家和政治家开始尝试重构礼乐制度，规劝反对"乐"的审美娱乐作用，反对"乐"作为审美娱乐的价值，要求"乐"合乎礼法，否定了艺术审美的价值意义。

3.1.2 美育教育的理论基石——春秋战国百花齐放、百家争鸣

春秋战国时期极为动荡而又充满变革。周王室的衰落导致诸侯分裂、战争频繁，但正是这种分裂与动荡，为思想文化的发展提供了广阔的舞台。各诸侯国为了富国强兵，纷纷招贤纳士，促进了学术的繁荣与思想的交流，各种思想流派如雨后春笋般涌现，形成了"百家争鸣"的盛况。学术思想的繁荣使不同学派教育也开始蓬勃发展，为美育教育提供了多元文化的滋养。此时出现了诸如孔孟老庄等一系列伟大的思想教育家。其中，以孔子为始祖的儒家教育思想对后世的影响具有突出的地位（图3.1）。

图 3.1　孔子

孔子强调美育思想以"礼"为核心，强调"兴于诗，立于礼，成于乐"。强调音乐的政治教化作用。孔子的美育思想，作为儒家教育思想的重要组成部分，对中国乃至世界的美育发展产生了深远的影响。春秋末期礼乐制度失灵，面对着"礼崩乐坏"的局面，孔子希望统治者能够"克己复礼"，实行"仁"治。但面对历史局势，作用显然颇微。由此，孔子从教育着手，首创私学，广收门徒，打破了"学在官府"的传统教育模式，首创了中国古代教育体系，其中就把美育作为其中一项重要内容。孔子

是中国历史上第一个重视和提倡美育的思想家,其中"兴于诗,立于礼,成于乐"深刻阐述了个人修养和教育的三个阶段及其相互关系,体现了孔子对个人修养和教育循序渐进、逐步提升的理念。它要求人们从学习诗歌开始,逐步掌握礼仪规范并最终通过学习音乐达到人格修养的最高境界。这一过程不仅注重个人内在修养的提升,也强调个人在社会中的立足和发挥作用。反对"乐教"中的形式主义倾向,提倡重视礼乐中仁的内容实质的重要性。"兴于诗,立于礼,成于乐"反映了孔子对美育、智育和乐育的深刻理解和高度重视,并在之后得到了进一步的发展。

孟子继承了孔子的基本观点,十分重视诗乐的教化作用,以仁为本,使乐不仅仅停留在感官上的享受,而是以仁为乐,天下同乐。荀子是儒家乐论思想的集大成者之一。认为音乐是人心之动的产物,能够反映社会现实和人心向背。他强调音乐的社会教育功能,认为音乐可以感化人心、移风易俗。同时,荀子还提出了"礼乐相须以为用"的观点,即音乐与礼仪相互补充、相互配合,共同维护社会秩序和道德规范。

道儒两家思想追求音乐的自然和谐与"天人合一"的境界。道家侧重于天地自然,认为音乐应该顺应自然规律、表达自然之情,反对人为的造作和束缚。道家乐论思想强调音乐的内在精神和情感表达,追求音乐的自由抒发和个性化表达。

除此之外,儒家和法家围绕"礼治"与"法治"展开了激烈的论争。儒家主张通过礼乐教化来治理国家,强调道德自律和内在修养;而法家则主张通过严刑峻法来维护社会秩序,强调外在强制力。这种论争反映了当时社会对于治理方式的深刻思考,也为礼乐思想的发展注入了新的活力。墨家则主张"非乐",认为音乐等艺术形式是奢侈浪费之物。这些不同学派之间的交流与碰撞,使得礼乐思想更加丰富多元。

中国古代乐论思想是在多家学派争鸣的基础上形成的,具有融合多家思想的特点。这种融合不仅丰富了乐论思想的内容,也促进了不同学派之间的交流和发展。从孔孟思想到《乐论》《乐记》等著作的诞生,为中国古代美育传统的形成奠定了牢固的理论基石。

3.1.3 美育教育的矛盾——秦汉诸子对儒的批判与补充

汉代,由于专制主义者"罢黜百家,独尊儒术"政策的推行,儒家被抬上"正宗"地位，他们的艺术观点和美育思想因之居于统治地位。儒家的神圣不可侵犯地位与道、墨、法诸家逐渐走远。董仲舒提出的"天人感应"说，为儒家美育思想注入了新的活力，强调音乐、艺术等美育手段在维护社会秩序、教化人民方面的重要作用。但儒家的正统独尊地位也推动了一些思想的片面化甚至走向极端，逐渐成为僵化的教条。汉儒强调"诗教"的社会教化方面，过度注重其社会作用而忽略了其审美艺术价值，使艺术审美完全成为道德教训的工具，限制了人们的审美与创造力的发展。诸子的批判与补充为这一时期的美育教育注入了新的活力，推动了其向更加多元化和完善的方向发展。道家、墨家、法家均对儒家的礼乐教化等观点提出了批判。作为不同的学派，它们在批判儒家时，所采取的角度、深度以及侧重点均呈现出差异。

道家提倡"无为"，主张自然无为，强调人与自然的和谐，追求自然美。对儒家美育思想的片面化提出了批判，批判儒家的礼乐制度，认为它过于人为、繁琐，束缚了人的本性和自然情感。强调美育应顺应自然，追求真善美的统一。认为艺术和美育应该反映人的自然本性和社会的真实面貌，而不是仅仅作为道德教化的工具。道家主张通过自然之美来陶冶性情，提升人的精神境界，反对儒家用礼乐教化对人的影响。道家的思想强调个人的精神自由和内心的宁静，这为儒家的美育思想提供了新的视角，强调内在的审美体验和个人的精神成长。

法家，如韩非子，强调法律和制度的力量，主张以法治国，注重实用性和功利性。韩非子在其著作中多次批评儒家过于依赖道德教化，认为这在实际政治中难以有效实施，批判儒家的礼乐教育过于理想化，忽视了实际的社会治理需要。法家认为，教育应注重实际技能和知识，而非道德和美的熏陶。法家的实用主义思想促使教育更多地关注实际技能和知识，推动了技术和科学教育的发展。这对儒家的美育教育形成了有效的补充，使美育不仅仅停留在道德和审美层面，还兼顾了实际的社会需求。法家对秦汉儒家的批判主要集中在政治观念、治国理念以及对儒家思想的质疑上，反映了法家与儒家在治国理念和政治观念上的深刻分歧，使儒法两家思想在未来相互融合、相互补充。

墨家提倡"节用"，反对奢侈享乐生活，认为应将社会财富用于生产，而非浪费在繁琐的礼乐制度上。但其只看到艺术审美活动的消极作用，而看不到艺术审美活动对人类社会的积极意义。

汉代美育教育在儒家正统地位的确立下取得了显著发展，但同时也面临着片面化与极端化的矛盾。诸子的批判与补充为这一时期的美育教育注入了新的活力，推动了其向更加多元和完善的方向发展。

3.1.4 辉煌灿烂的文艺时代——唐宋的诗画美育

唐宋是中国封建社会政治、经济、科学技术和文化高度发达的时代。这一时期文学艺术发展欣欣向荣，呈现出蓬勃之景，诗画美育也达到了极高的水平。唐宋时期的统治者普遍采取宽容的文化政策，鼓励文人学士自由创作，促进了文学艺术的繁荣发展。这一政策为美育的推广提供了良好的社会环境，使得诗画美育得以广泛传播和普及。宽容的文化政策成为孕育灿烂文化的土壤。唐代是中国诗歌的黄金时代，诗歌创作空前繁荣，涌现了李白、杜甫、王维、白居易等伟大的诗人。唐诗以其丰富的题材、多样的风格和深刻的思想内容，成为中国文学史上的璀璨明珠。以诗赋入科考，大大促进了诗歌的创作与发展，推动了诗歌创作的繁荣。诗教也得以发扬，不仅培养了文人的文学素养，还陶冶了他们的情操，提高了审美能力。通过诗歌学习，文人们能够表达自己的情感，抒发对自然、社会和人生的感悟，形成了高尚的道德情操和独特的审美情趣。在音韵、格律、修辞等方面都达到了很高的艺术成就。诗人们通过精练的语言和丰富的想象，创造出一个个意境深远、情感丰富的艺术世界，让读者在品味诗歌的过程中得到美的享受和心灵的洗礼，对整个社会的文化水平和审美能力的提升起到了积极的推动作用。

同时唐代也是绘画艺术空前繁荣的时代，名家辈出。其中唐代画论家张彦远提及绘画与六籍同功，这是对绘画的教育功能的深刻理解和高度评价。"六籍"通常指的是儒家经典著作"六经"，包括《诗》《书》《礼》《易》《乐》《春秋》，它们在中国古代文化中占有极其重要的地位，被视为教化人民、传承文化的重要工具。将绘画与六籍相提并论，意味着绘画在教育、教化、文化传播等方面具有与六经相同或相近的功能和价值，体现了唐代对绘画功能的全面认识和高度评价。绘画不仅具有教育、文化传播等实用功能，还具有独特的艺术审美功能，是人类文化传承和发展的重要组成部分。

宋代建立了画院制度，政府设立画院招揽优秀画家，为他们提供创作和学习的环境。这一制度不仅促进了绘画艺术的繁荣,还推动了画教的普及。画院不仅是艺术创作的中心,也是艺术教育的重要场所。通过系统的学习和训练,培养了大批优秀的画家。绘画艺术的普及和推广,使得社会各阶层都能够接触到艺术,提升了整个社会的审美水平和文化素养。

唐宋时期的美育不仅培养了人的文学艺术修养,还通过陶冶情操、培养道德品质,促进了社会和谐和文明进步。诗画美育在提升个人素质的同时,也为社会的稳定和发展做出了重要贡献。唐宋时期的诗画美育以其高度的文化成就和广泛的社会影响,成为中国古代美育发展的辉煌篇章。通过宽容的文化政策、系统的教育体系和广泛的社会推广,唐宋时期的诗画美育不仅培养了大批优秀的文人画家,还提升了整个社会的审美水平和文化素养,为后世美育的发展奠定了坚实的基础。在现代社会,我们仍然应该重视和发扬诗画的这些功能和价值,推动诗画艺术的繁荣和发展。

3.1.5 枷锁中的美育之花——明清时期通俗审美的发展

明清时期,中国社会经历了封建制度的巩固与转型,文化生活呈现出复杂的局面。一方面,封建统治的严密控制和礼教的束缚限制了文化的自由发展;另一方面,市民阶层的兴起和商品经济的发展带来了通俗文化的繁荣。尽管有种种枷锁,通俗审美却在这一时期焕发出独特的光彩,形成了丰富多样的美育现象。

明清两代统治者加强了中央集权,强化了对思想文化的控制,儒家思想和封建礼教成为主流思想,对文艺创作和审美观念产生了深远影响。但随着商品经济的发展,城市逐渐繁荣,市民阶层崛起,形成了新的文化消费群体。这一阶层对通俗文化和审美有着广泛的需求,推动了通俗文学和艺术的发展。通俗文学的兴盛使得礼乐教化逐渐向小说教育、戏剧教育等通俗教育过渡。一方面,专制主义统治亟需艺术审美完成政治化、道德化,以便成为维护专制主义统治的工具,从而否定艺术审美的独立价值;另一方面,广大的被统治者特别是有民主意识的知识分子、思想家们,坚决反对把艺术审美变成封建礼教的附庸,认为艺术审美主要是为了满足个体人性发展的需要,反对理学"存天理,灭人欲"的禁欲主义。

市民阶层的崛起带动了文化消费的多样化和大众化,通俗文化和审美逐渐占据主导地位,形成了与传统精英文化不同的文化生态。明清时期是中国古代小说创作的高峰期，出现了《水浒传》《西游记》《三国演义》《红楼梦》等一大批经典作品。这些小说以生动的故事情节、丰富的人物形象和深刻的社会描写，反映了市民阶层的生活和审美趣味。为了适应市民阶层的阅读需求，通俗文学普遍采用白话文写作，使得作品更贴近大众生活，易于理解和传播，促进了通俗审美的普及。昆曲和京剧也成为最具代表性的戏曲形式。昆曲以其优美的唱腔和细腻的表演，受到文人和贵族的喜爱；京剧则以其丰富的表演技巧和生动的故事情节，赢得了广大市民的青睐。戏曲不仅是娱乐形式，还承担着教化和宣传的功能，通过演绎历史故事和民间传说，传播道德观念和社会价值。通俗审美通过文学、戏曲、美术等形式，广泛传播于社会各个阶层，提升了大众的审美素养和文化品位，为美育的普及创造了条件。

明清时期虽然在封建礼教和政治枷锁的束缚下，文化创作受到了诸多限制，但市民阶层的兴起和商品经济的发展为通俗审美的繁荣提供了土壤。在这一时期，通俗文学、戏曲艺术和民间美术等多种形式的通俗审美展现出独特的魅力，不仅丰富了中国美育的内容，也为社会大众的审美教育做出了重要贡献。这种在枷锁中绽放的美育之花，为中国美育的发展增添了亮丽的一笔。

3.2 近代美育

3.2.1 救亡图存下的西学东渐——美育思想的萌芽

19 世纪中叶，鸦片战争后中国逐步沦为半殖民地半封建社会，面对内忧外患，民族危机日益严重。为了实现救亡图存，一批有识之士开始寻求变革，学习西方先进的科学技术和文化思想，这一过程中，西学东渐对中国美育思想的萌芽产生了深远影响。19 世纪末至 20 世纪初，大批中国学生赴欧美、日本留学，接触到了西方先进的教育思想和艺术理念，回国后成为美育思想的传播者和倡导者。甲午战争后，清政府开始推行教育改革，设立新式学堂，逐步引入西方的课程和教育理念，包括美育教育。光绪年间，清政府设立了京师大学堂（北京大学的前身），首次在课程中设置了音乐、美术等科目。

中国古代"礼乐相济"的美育传统，发展到清代已经衰歇，特别是"乐教"几乎完全中断。乐教曾是培养情感和审美的重要手段，但在清代，由于政治和文化的僵化，这一传统逐渐被忽视和遗忘。诗教在古代社会中曾有重要地位，通过诗歌培养审美情趣和文学素养。然而，到清代晚期，诗教也变得可有可无。士人学子更关注科举考试中的八股文，而非诗歌创作和欣赏。八股科考禁锢了学子的思想，专注于形式化的文章写作和死记硬背，导致思想僵化，缺乏创造力和批判精神。八股文注重程式化的表达，忽视了审美和情感的培养。学子热衷于汉学考据，沉迷于文献的考订和注疏，忽视了对现实社会的关注和对新知识的探索。学术研究变得狭隘，缺乏创新和活力。

在教育中，受重视的不是诗与乐，也不是科学，而是"文"。文之所以被重视，不是因为它有审美价值，使人得到审美教育，而是因为它能"致用"和"载道"。文被看作是传达儒家道德和治国理念的工具，而非培养审美情趣和艺术修养的手段。即使是一些有识之士、进步人物，对"文"的认识，仍然没有超越"经世致用""文以载道"或"代圣人立言"的轨迹。他们关注的是文章的实际应用和道德教化功能，而非其审美价值和艺术表现力。

总而言之，在这个阶段，中国古代"礼乐相济"的美育传统已经衰歇，八股科考束缚了士人学子的思想和创造力，教育体系重视实用性和道德教化功能，而忽视了审美和艺术教育的价值。这一时期的审美教育状况极其不景气，缺乏个性自由、独创精神、健康活泼的情感、体魄的培养。尽管一些有识之士认识到教育改革的必要性，但对"文"的认识仍然局限在"经世致用"和"文以载道"的轨迹内，未能突破传统观念的束缚。

3.2.2 近代美育思想产生——美育思想的引入与发展

19世纪末，中国处于风雨飘摇的局势中，甲午战争的失败使中国面对更加严重的内外危机。社会各界纷纷意识到必须进行全面的改革，以挽救国家的危亡。戊戌变法（1898年）是这场改革的重要尝试，虽然最终失败，但它开启了中国现代化的进程，标志着中国近代美学和美育思想的正式发端。戊戌变法期间，维新派提出了一系列政治、经济、军事和文化教育的改革措施。其中，教育改革尤为重要，强调新式教育，提出废除科举制度，设立新式学堂，推广西学，倡导科学和艺术教育。在戊戌变法的影响下，新式学堂逐渐取代传统书院，成为传播新思想和新文化的重要阵地。这些学堂引入了西方的教育理念和课程设置，包括音乐、美术等美育课程，培养学生的审美素养。1905年科举制度的废除，标志着传统教育体系的终结和新式教育体系的建立，为美育思想的传播发展挣脱了枷锁。

1919年五四运动的爆发，标志着新文化运动的兴起。新文化运动提倡民主与科学，反对封建礼教，倡导个性解放和文化创新，推动了美育思想的普及和发展。新文化运动提倡白话文，促进了文学和艺术的普及，使得美育思想更加贴近大众。通过文学作品、艺术创作和教育实践，美育思想得以广泛传播。

在此时，随着一些代表人物的倡导和实践，美育思想逐步深入人心，并在教育体系和社会文化生活中得以实践和推广。

王国维是中国近代美学和美育思想的重要启蒙者和理论奠基人，他对中国美育的发展做出了开创性的贡献。王国维将西方的"美学"和"美育"思想引入中国，系统地介绍了叔本华、康德、席勒和尼采等西方哲学家的美学和教育思想，并结合中国的现实和教育实践，撰写了许多具有开创意义和重要理论价值的美学论文和杂文。在《孔子之美育主义》一文中，王国维运用西方美学观点分析孔子的美育思想，肯定了孔子"始于美育，终于美育"的教育经验，进一步推动了中西美学思想的融合。通过对西方美学和美育思想的引介和本土化，王国维建立了中国近代美育理论体系，对中国美育的发展产生了深远影响。他不仅认识到美育在道德教育中的重要作用，还深入分析了审美的心理学基础，为中国近代美学和美育思想的发展奠定了坚实的理论基础。王国维的研究和理论不仅丰富了中国美学的内涵，也为后来的美学研究提供了重要的参考和指导。

蔡元培在美育方面的贡献，不仅体现在思想理论上，更在于其具体的实践。他在学校、全社会普及推广美育，并取得了显著的成效。经过他多年的努力最终建立了中国近代美育的新体系，成为他所创建的中国近代新式教育体系的重要组成部分。蔡元培提出的"以美育代宗教"的命题，深刻符合中国艺术精神和民族教育传统。他认为，中国人追求的最高境界是艺术审美，而非西方人所崇拜的宗教和外在的神。这不仅具有深刻的见解，还具有强烈的实践意义。蔡元培通过理论创新和实践推动建立了中国近代美育的新体系。他的美育思想丰富了中国教育理论体系，对中国社会和文化的发展产生了深远影响。在蔡元培的倡导和努力下，美育在中国近代教育中占据了重要地位，成为培养全面发展人才的重要途径。蔡元培的美育思想不仅是对传统教育观念的突破，也是对现代教育理念的创新和补充。他强调美育不仅仅是艺术教育，更是一种培养学生综合素质和全面发展的重要手段。他通过设立美术学校、音乐学院等教育机构，推动美育在中国的普及和发展，使之成为国民教育的重要组成部分。为中国近代美育的发展奠定了坚实的基础，开创了中国现代教育的新局面。

严复通过翻译和介绍西方思想，极大地推动了中国社会和文化的进步。他翻译了赫胥黎的《天演论》，将达尔文的进化论和斯宾塞的社会达尔文主义引入中国，对当时的中国知识界产生了深远的影响。他特别强调科学与教育的重要性，认为通过教育可以提高国民素质，增强国家竞争力。在美育方面，严复认为美育不仅是培养个人审美能力的重要途径，更是促进社会进步和文化发展的关键。他强调，美育应该与科学教育相辅相成，通过审美教育提升个人的审美素养和道德品质，从而推动社会的全面进步。尽管严复对科学的兴趣更为浓厚，他仍认识到美育在培养全面发展的人才方面的价值。他的美育思想主要体现在他对西方美学思想的介绍和本土化，以及他对美育在教育体系中重要性的认识和倡导。通过翻译和介绍西方美学思想，严复为中国近代美育的发展提供了新的视角和方法，推动了中国教育和文化的现代化进程。严复的贡献不仅在于科学和教育领域，他还通过对西方美学思想的引介，为中国近代美育的发展奠定了重要基础。他认为，科学和美育是培养全面发展人才的两大支柱，两者相辅相成，共同促进社会的进步和文化的发展。

鲁迅在美育方面的贡献不仅体现在思想理论上，还贯穿于他的文学实践中。他提出了"为人生而艺术"的主张，认为要救国，首要任务是改造麻木不仁的国民性，而改造国民性的关键在于提倡新文艺。他深受梁启超等人所鼓吹的"小说界革命"和"诗界革命"思想的影响，主张用新文艺唤起民族觉醒，激发爱国主义精神。鲁迅认识到，科学教育与艺术教育、物质文明与精神文明应该统一起来。他提倡新文艺，从积极方面来说，是为了完美人性，促进社会进化；从消极方面来说，是为了弥补只看重科学而忽视艺术的缺陷，纠正只见形质而不见精神的狭隘眼光。尽管鲁迅早期接受了西方超功利主义美学观点，但由于强烈的革命激情和社会责任感，他在理论和实践上始终坚持"为人生而艺术"的立场。在"五四"新文化启蒙运动中，鲁迅用科学民主思想批判封建主义及其道德观念，通过小说等艺术作品揭露和批判吃人的礼教，产生了深远影响。鲁迅通过提倡新文艺和"为人生而艺术"，在美育领域做出了重要贡献。他不仅通过文学创作揭示社会问题，激发国民觉醒，还通过理论探讨深化了美育思想，推动了中国社会的文化进步和国民性的改造，为中国现代美育理论和实践提供了宝贵的经验和指导。

林语堂在美育领域的贡献主要体现在他对艺术非功利性质的强调、对个性自由的推崇以及对中国传统文化的批判与反思。他通过对西方美学思想的引介和本土化，丰富了中国现代美育的理论体系。他主张艺术应当脱离功利目的，纯粹为美而存在，认为这种非功利的艺术观念有助于培养人的独立精神和自由个性。此外，林语堂对中国传统文化进行了深刻的批判与反思，他强调传统文化中的美育思想应与现代教育理念相结合，以适应时代的发展。尽管林语堂的美育思想具有重要的理论价值和实践意义，但也存在局限性，需要结合实际情况进行进一步的调整和发展。林语堂的美育思想对中国美育的发展产生了深远影响，为后来的教育理论和实践提供了宝贵的借鉴。他的理念促使人们重新思考美育在教育中的地位和作用，推动了中国现代美育理论的不断完善和发展。

3.3 现代美育

中国现代美育的发展，是在继承传统美育思想和吸收西方美育理论的基础上，通过不断的实践与探索，逐渐形成并发展起来的。以下从几个主要方面详细阐述中国现代美育的内容、特点和发展历程。

3.3.1 改革开放时期美育地位的强化

改革开放以来，中国进入了经济快速发展和社会全面进步的新时期。随着教育体制的改革和素质教育的推进，美育的地位得到了前所未有的重视。1986 年，《中华人民共和国义务教育法》的实施标志着教育改革进入新阶段，提出了德智体美劳全面发展的教育方针，明确了美育的重要性。中小学课程改革中，美术和音乐课程被重新纳入必修课程，各级学校普遍开设了音乐、美术等艺术课程，学生的审美教育得到了系统化和规范化的推进。同时，随着改革开放带来的思想解放和文化繁荣，艺术文化活动丰富多彩，各类艺术节、文化展览、音乐会等活动频繁举办，为美育的发展提供了良好的社会环境。电视、电影、广播等大众传媒在普及美育知识、传播艺术文化方面发挥了重要作用，使美育的影响力不断扩大。

3.3.2 政策推动下美育体系的健全与完善

自 1986 年《中华人民共和国义务教育法》提出了德智体美劳全面发展的教育方针，强调在义务教育阶段要实施全面素质教育后，电视、电影、广播等大众传媒也在普及美育知识、传播艺术文化方面发挥了重要作用，使美育的影响力不断扩大。2001 年，《基础教育课程改革纲要（试行）》明确提出，要加强艺术教育，全面推进素质教育，促进学生的全面发展。2015 年，教育部发布《关于全面加强和改进学校美育工作的意见》，要求各级学校完善美育课程体系，配备合格的美育教师，建设美育专用教室和设施，组织丰富多彩的美育活动。进一步强调美育在国民教育中的重要地位，提出要通过美育培养学生的审美情趣和人文素养。2018 年，习近平总书记在给中央美术学院八位老教授的回信中指出："做好美育工作，要坚持立德树人，扎根时代生活，遵循美育特点，弘扬中华美育精神，让祖国青年一代身心都健康成长。"中华美育精神作为时代命题由此凸显。2019 年，《中共中央、国务院关于深化教育教学改革全面提高义务教育质量的意见》提出，要全面提升义务教育质量，美育作为重要内容之一，要全面融入教育教学过程。通过完善课程体系、提高教师素质、加强实践活动等多方面措施，全面推进美育的发展。2020 年 10 月，中共中央办公厅、国务院办公厅印发的《关于全面加强和改进新时代学校美育工作的意见》提出："将学校美育作为立德树人的重要载体，坚持弘扬社会主义核心价值观，强化中华优秀传统文化、革命文化、社会主义先进文化教育，引领学生树立正确的历史观、民族观、国家观、文化观，陶冶高尚情操，塑造美好心灵，增强文化自信。"

自改革开放以来，中国在国家政策的推动下，美育课程与教学体系不断健全。从教育政策的制定与实施，到课程和教学体系的建设，再到师资队伍的优化与教学设施的完善，美育在各个层面得到了全面发展。中国现代美育体系的健全与完善，为实现教育现代化和建设文化强国做出了积极贡献。

3.3.3 新时代美育的快速发展

党的十八大以来，素质教育被提升到国家战略高度，美育作为素质教育的重要组成部分，得到了全面推进和深化。通过政策倾斜和资源投入，缩小城乡、区域和校际的教育差距，实现美育资源的公平配置，保障每个学生都能接受良好的美育教育。在学校教育中，学校开始注重课内外美育的有机结合，通过艺术社团、兴趣小组、艺术节等形式，丰富学生的艺术体验和实践机会，鼓励和支持社会各界参与美育，文化艺术机构、社会团体和家庭共同参与美育工作，形成全社会重视和支持美育的良好氛围。通过国际交流与合作，引进国外先进的美育理念和方法，学习和借鉴国际上的优秀美育实践，提升中国美育的国际化水平。通过国际交流与合作，引进国外先进的美育理念和方法，学习和借鉴国际上的优秀美育实践，提升中国美育的国际化水平。

3.3.4 科学技术推动下的美育创新

科学技术的迅猛发展，为美育带来了新的机遇和挑战，推动了美育的创新和变革。数字化融入美育发展之中，利用互联网、数字媒体和多媒体技术，开发数字化美育课程和资源，通过线上教学、虚拟现实（VR）等技术手段，拓展美育的教学方式和学习体验。部分学校将艺术（Art）与科学（Science）、技术（Technology）、工程（Engineering）、数学（Mathematics）相结合，开展STEAM教育，培养学生的跨学科思维和创新能力。通过项目式学习和探究性学习，将美育与其他学科有机融合，培养学生解决实际问题的能力和综合素质。艺术创作也开始与科技融合，利用新媒体技术进行艺术创作和展示正在进入大众视野，如数字绘画、互动装置、虚拟现实艺术等，拓展艺术创作的边界和表现形式层出不穷。

中国现代美育的发展经历了从改革开放初期的恢复和重视，到政策支持下的体系建设，再到新时代的快速发展和科技推动下的创新。美育在培养学生审美素养、提升文化素质和促进全面发展方面发挥了重要作用。通过不断的探索和实践，中国现代美育在继承传统与创新发展的过程中，逐渐形成了独特的体系和丰富的内涵，为实现教育现代化和中华文化的繁荣兴盛做出了积极贡献。

高校美育的知识输入篇

第 4 章 美育课程

美育课程不仅仅是一门传授艺术知识与技能的课程，更是培养人类感知美、欣赏美、创造美的心灵之旅。美育课程立足于人类文明的深厚积淀，融合了古今中外的艺术精华与审美智慧，对于塑造健全人格、培养创新思维、推动校园和社会审美进步意义重大。美育课程是教育体系中不可或缺的重要组成部分，是培养德智体美劳全面发展的社会主义建设者和接班人的重要途径。

4.1 美学与艺术史

美学与美育的教学是不同的。美学侧重知识的系统性和完整性传授，如经典美学家的美学理论，以及自然美、艺术美、崇高、悲剧性、喜剧性等经典美学范畴，要让学生在掌握相关美学理论知识的同时，培养他们的审美素养。美学是研究美、艺术、审美经验及相关现象的哲学分支。关注什么是美，如何判断美，分析艺术作品的性质和价值，以及审美体验的本质等。

而艺术史是一门研究艺术作品、艺术家及其创作背景、艺术流派和运动的学科，探讨着艺术的演变、发展和在不同时期下的表现形式。二者相辅相成，美学提供了评判和理解艺术作品的理论框架，而艺术史则提供了丰富的艺术实践案例和文化历史背景信息。二者与美育结合，有助于培养全面的艺术鉴赏能力，还能推动艺术创作和美学理论的发展。艺术和艺术史在美育中的作用不仅在于其实体存在和时空范畴，更重要的是其独特的人文性质可以唤起心灵感动和精神共鸣。通过这种启示性价值，艺术和艺术史能够超越其自身知识的界限，内化"成人"目标，体现"化人"指向，从而在人的现实发展中实现育人功效。

4.1.1 美学在美育课程中的价值

美学（Aesthetics）是研究美、艺术及其欣赏的哲学分支，涉及美的本质、审美经验、艺术作品的性质和价值等问题。它不仅关注美的哲学定义，还包括人类如何感知和评价美的现象。这是一门从西方传入中国的现代学术科目，旨在研究艺术美与艺术审美问题的学科。美学作为一门研究美和艺术的学科，具有广泛的理论和应用价值，不仅能帮助我们理解和欣赏艺术作品，还为艺术创作、艺术教育和文化研究提供了重要的理论基础。通过美学的研究，我们可以更深入地探讨美的本质和审美体验的丰富性，提升我们对美的感知和鉴赏能力。美学的研究不仅是对美的追求，也是对人类情感、文化和思想的深刻探索。

美学为美育课程提供理论基础。美学作为研究美的学科，深入探讨了什么是美，以及美的定义和标准。有了美学理论的引导，美育课程能够更具广度和深度，更加系统化、科学化。美学为美育课程提供了诸如美的本质、美感的特点、艺术的价值等丰富的理论资源，为美育课程的设计实施提供了坚实的理论资源支撑与实践指导。帮助学生更明确而具体地理解、分析美，使学生理解美不仅是感官的愉悦，更是深层次的思想和情感的体验。美学对美感体验的研究为美育课程的实施提供了方法论支持。在设计美育课程时结合美学的研究，有利于设计出更加丰富、有层次的教学活动。美学对艺术价值的分析为美育课程提供了理论依据，将美学对艺术作品的价值探讨应用于课程中，可以使学生对艺术作品的认识更加全面立体。因此，美学作为美育课程的重要理论基础，具有不可替代的作用。通过美学理论的引导，美育课程不仅在艺术技能的培养上更为有效，也在学生的审美能力、批判性思维、文化理解力等方面起到了全面提升的作用，为学生的个人成长和社会贡献奠定了坚实的基础。

美学教育能够显著提升学生的审美能力。美学作为研究美及其表现形式的学科，为人们提供了理解和欣赏美的工具和方法。美学教育首先为学生提供了关于美的基本定义和标准。通过学习美学理论，学生得以深入理解美的多样性和复杂性，把握判断和评价美的准则。美学教育深入探讨了美感体验的感知、情感和认知等方面的心理过程，使学生能够更好地分析自身在面对美的事物时的情感反应与心理体验。美学教育不仅包括视觉的艺术，还囊括着音乐、舞蹈等多感官的综合艺术形式，有利于培养学生全方位的感知能力。通过美学教育理论与实践的结合，学生可以融会贯通，将所学的美学原理应用到艺术实践中，在实践中既能与理论结合，更深刻地感悟美学概念在创作中的应用，还能培养对审美的分析、判断力与批判性思维。学生能够学到如何分析和评价艺术作品，探讨美的标准和审美体验的本质，有助于学生发展逻辑思维和批判性思考能力，培养他们对美学问题的深刻理解和独立见解，全面提升自身的艺术素养和人文素养。

美学教育有利于增强学生的综合素养与跨学科意识。美学教育涵盖了广泛的知识领域，与哲学、文学、艺术等学科密切相关，综合性较强。其教育本质上是跨学科的，因此学生在学习美学的过程中，需要综合学习与运用这些学科的知识。美学教育鼓励学生在不同学科之间建立联系，形成跨学科的思维方式，帮助学生在学习过程中将不同学科的知识融会贯通，形成综合性的知识体系，提升解决复杂问题的能力，为学生的个人成长和未来发展奠定了坚实的基础，培养他们成为具有综合素养和跨学科意识的全面发展的人才。

美学教育在建立文化自信与促进跨文化交流方面具有重要的作用。美学不仅研究艺术作品的美，还探讨自然、生活和社会现象中的美。通过美学教育，学生可以理解美在不同文化和历史背景下的表现形式，尊重和欣赏其他文化的美学成就，有助于学生建立跨文化的审美视野，促进文化交流和理解。

美学教育有利于提升学生的创造力和艺术实践能力。美学理论不仅提供了对美的理解，还激发了学生的创造性思维和艺术想象力。通过美学教育，学生可以在艺术创作中运用美学原理，探索新的表现形式和创作手法，提升他们的艺术创作水平和创新能力，帮助他们在艺术实践中更好地展示和表达自己的审美观点和创意。

4.1.2 艺术史在美育课程中的价值

艺术史是一门研究艺术作品、艺术家及其创作背景、艺术流派和运动的学科。它不仅关注艺术作品的视觉和形式特征，还包括其社会、政治、经济和文化背景。通过探讨艺术的演变和发展，艺术史揭示了人类历史和文化的丰富内涵。艺术史可以帮助我们更深入地理解艺术的演变和发展，欣赏不同时期和不同文化中的艺术作品。艺术史的研究不仅是对艺术的探索,也是对人类文化和历史的深入理解。通过艺术史的学习,我们可以提升艺术鉴赏能力,增强文化素养,促进对人类文明的全面了解。在学习艺术史的过程中,人们通过感性体验感受到生命的各种情状和生命精神的悠久传承,在变化和不变中领悟到自然的本质力量。这种本质力量深深地影响和感染着人们,培养出丰厚的感性意识以及现实的表达方式,即自然直观和自由敏锐的审美判断。

艺术史在美育中的应用价值体现在多个方面,系统的艺术史教育有利于提升审美能力和艺术素养,还能培养学生建立综合性的知识体系。通过接触和学习不同历史时期和文化背景下的艺术作品,发掘不同历史背景下的艺术表现形式的多样性,欣赏各具特色的艺术风格和创作手法,从而提升学生的审美品位和艺术鉴赏能力。艺术史课程中的经典作品分析和讨论,帮助学生建立起对艺术作品的评价标准和审美规范,在日常生活中也能应用这些标准进行审美判断。

在美育教学中融入艺术史,有利于更深入地提升学生的审美能力。不同历史时期、不同文化背景下产生的艺术作品,表现形式也具有多样性,从中能够欣赏到各具特色的艺术风格和创作手法,在欣赏和积累分析中提升审美品位和艺术鉴赏能力,深入了解不同时期的社会、政治、经济背景及其对艺术创作的影响。理解艺术作品背后的历史和文化背景,对艺术作品形成全面的认识。

在美育教学中融合艺术史,尤其是结合我国艺术文化历史,有利于构建学生的文化自信,并在跨文化艺术史对比中提升学生的文化包容性。在筑牢对自身文化自信的基础上接触更加多元的创作理念和表达方式,激发学生的创造性思维,并促进学生尊重和欣赏其他文化的艺术成就,培养学生的艺术跨文化理解,帮助学生更好地进行文化交流,了解艺术家的创作过程和创新精神,鼓励学生在艺术实践中勇于探索和尝试新方法、新技法。

以史为鉴,古为今用。艺术史教育中提供了大量经典作品和艺术家的创作经验,积累了前人成功的创作经验与过去失败的错误教训。通过学习反思当代艺术与历史的联系和差异,培养批判性的思维,激发学生思考如何在现代社会中继承和创新艺术传统,发扬前人的优良创作理念和技法。艺术史教育拓宽了学生的创作视野,学生可以从中汲取艺术史中丰富的作品与创作经验,并且由此产生多样化的创作灵感,提升学生的创造性思维。

艺术史教育还可以增强学生的实践创作能力。艺术史中的经典作品和艺术家的创作经验，为学生提供了丰富的创作灵感和实践参考。学生能够结合历史教育在实践中不断提高自己的艺术创作水平。

总的来说，艺术史在美育课程中的应用价值非常显著。这种全面的艺术教育，不仅有助于学生在艺术领域的发展，还能促进他们在各个方面的综合素质提升，为他们未来的个人成长和社会贡献奠定坚实的基础。艺术史教育通过多维度的学习和体验，帮助学生理解历史背景与艺术的联系，学习艺术背后的历史事件与文化变迁，提升审美能力、增强文化理解力、培养批判性思维、提高综合素养，并激发他们的创造力和表达能力。学生不仅能够理解和欣赏艺术作品，还能更深入地认识和理解人类社会、文化和历史的丰富内涵。这种全面的教育方式，使学生不仅在艺术领域得到发展，还在人文素养和综合素质上取得显著进步。

4.1.3 美育课程实践与美学、艺术史理论融合策略

从上文可看出美学与艺术史对美育课程的价值，但理论离不开实践，美育的真正意义在于育人，培养学生的审美能力和创造力，将理论知识转化为实际技能，体会到艺术的内在价值和情感力量，以美促进学生的全面发展。

将美学原理与艺术创作实践结合，将美学理论融入艺术创作的过程，在实践中巩固对美学的理解，在理解中增添对实践的把握。不仅能使学生在动手创作中直观地感受到美学理论的应用，还能帮助他们在创作过程中不断反思和改进，提升他们的艺术表现力和创作能力。将艺术史脉络与创作体验相结合，使学生在实际的创作活动中体验不同历史时期的艺术风格和创作手法。通过临摹等手段，在学习技法的同时感受不同时代的人文精神和艺术特点，通过实践理解艺术作品的创新与独特之处。还可以采用课堂和实地考察相结合的方式，以提升学生的参与度，使学习效果事半功倍。通过课堂讨论、角色扮演、辩论等互动课堂教学方法，学生可以在交流和分享中加深对美学和艺术史的理解。同时，组织学生参观美术馆、博物馆和艺术展览，让他们亲身体验和观摩真实的艺术作品，体验现场讲解和实践活动，能够进一步增强他们的感受力和鉴赏能力。

跨学科融合教学的方式能够有效拓宽学生知识面，培养学生综合分析问题与解决问题的能力。教师将美学和艺术史与历史、文学、哲学等学科相结合，帮助学生在广泛的知识背景下理解艺术作品。学生在了解作品的艺术特点情况下，通过学习作品背后的文化故事、历史与哲学思想，能够形成对作品更加全面深入的理解，拓宽学生的知识面。随着技术的发展，数字技术与现代媒介拓展了美育课程的教学方式与资源。人与人之间的距离大大缩短，通过虚拟现实手段，学生可以在线参观全球的艺术作品与博物馆，拓展艺术文化视野。在线式的课程讲座节约了学生的学习成本，随时随地能够参与到美育课程中，方便地查询自己需要的资源。技术应用资源的丰富为美育课程的形式带来了许多可能性，并提升了学生的自主学习能力和信息获取能力。建立跨学科美育工作坊，跨学科师资合作与学习内容整合，通过互动式教学、实践创作、实地考察和技术应用，学生能够在真实的艺术创作和鉴赏过程中，深化对艺术和美的理解，为全面发展奠定坚实的基础。定期接收学生的学习反馈，调整教学内容方法，为学生提供一个综合性的学习平台，提升学生的审美能力、批判性思维、文化理解力和综合素养。鼓励学生在工作坊中进行艺术创新和实验，探索新的创作手法和表现形式。通过将美学与艺术史理论有机地融入美育课程的实践教学中，深入全面提升学生的艺术素养和综合素质。以理论与实践相结合、互动与体验并重、项目与工作坊相辅相成的教学策略，不仅能激发学生的学习兴趣和创造力，还能培养他们的批判性思维和文化理解力，为他们未来的个人成长和社会贡献奠定坚实的基础。

在对学生的评估和考核方面，也需要注意。一方面，评估应当注重过程与结果相结合。在传统的评估体系中，往往过于侧重最终的作品或表现，忽略了学生在学习过程中的努力和进步。合理的评估体系应包括对学生参与度、创作过程、合作能力以及学习态度的考核，从而全面反映学生的学习成果和成长。另一方面，评估标准应体现多样性和个性化。美育涉及多种艺术形式，每个学生的兴趣和特长各不相同，因此评估标准不能一刀切。应根据不同艺术形式设定相应的评估标准，同时鼓励学生发挥个人创意和独特风格，通过自评、他评和小组探讨的形式提高学生的参与度。使美育课程的评估考核更加全面、公正和有效，真正发挥其培养学生审美能力和综合素质的作用。

4.2 艺术鉴赏与评论

4.2.1 艺术鉴赏与评论的美育价值

艺术鉴赏与评论不仅是美育中的重要环节，也是理解和体验艺术作品的关键途径。艺术鉴赏是指人们在接触艺术作品过程中产生的审美评价和审美享受活动，也是人们运用自己的感知、经验、知识对艺术作品进行感受、体验、联想、分析和判断，从而获得审美享受，并理解艺术作品与美术现象的活动。在艺术鉴赏与评论的理论中，形式主义理论强调艺术作品的形式和结构，学生通过理论从艺术作品的形式着手理解其美学价值。锻炼对文艺作品的语言、技巧、结构及风格等的形式分析能力，以及关于艺术作品的辨识力与价值判断力。表现主义理论则认为艺术作品是艺术家情感和内心世界的表达。学生结合表现主义理论能够感受和理解艺术作品中的情感表达和心理因素。符号学理论将艺术作品视为一种符号系统，学生通过解读其中的象征和隐喻，可以理解其文化和社会意义。而美学理论探讨什么是美及其表现形式，帮助学生建立审美标准和评价体系，提升他们的审美判断力。

艺术鉴赏与评论在美育中的价值是多方面的。一方面，它能显著提升学生的审美能力。通过艺术鉴赏，学生可以培养对美的感知和体验能力，提升对色彩、形态、声音等美的要素的敏感度。首先，艺术评论帮助学生理解艺术作品的形式和内容，学会从构图、技法、主题等多个角度分析作品，提升综合审美能力。其次，艺术评论在培养学生批判性思维方面具有重要作用。评论过程要求学生对作品进行详细分析和评价，培养他们的逻辑思维和批判性思考能力。课堂讨论和辩论通过不同观点的交流，促进学生在尊重他人意见的同时，独立思考和形成自己的判断。另一方面，艺术鉴赏与评论还能增强学生的文化理解力与包容度。艺术作品反映了不同文化的独特之处。通过鉴赏与评论，学生可以理解和欣赏各种文化背景下的艺术成就，增强对多样性和包容性的认识。同时激发传承和弘扬本民族文化的使命感。最后，艺术鉴赏与评论有利于提高学生的综合素养。艺术鉴赏与评论需要综合运用美学、历史、文学、哲学等多学科知识，帮助学生将不同学科的知识融会贯通，形成综合性的知识体系。此外，艺术评论的写作和口头表达训练，有助于提高学生的语言表达能力和写作水平，增强他们的沟通能力和自信心。

将艺术鉴赏与评论纳入美育的重要组成部分，不仅能够提升学生的审美能力和艺术素养，还能够培养他们的批判性思维和文化理解力。通过系统的艺术鉴赏与评论教育，学生可以全面提升综合素养，为个人成长和社会贡献奠定坚实的基础。美育的最终目标是培养全面发展的个体，而艺术鉴赏与评论正是实现这一目标的重要途径。通过理论与实践相结合的教学策略，艺术鉴赏与评论能够在美育中发挥重要作用，促进学生在艺术领域及其他生活和学术领域中的全面发展。

4.2.2　艺术鉴赏与评论中的美育实践研究

艺术鉴赏与评论在美育实践中扮演着至关重要的角色。艺术鉴赏与评论作为美育的重要途径，通过对艺术作品的欣赏、分析和评价，能够帮助学生深入理解艺术的内涵，提升审美能力和人文素养。正因为美育是以情感体验来实现教育目标的，所以美育实践必须要唤起学生的情感体验，使学生投入审美活动之中。

美育的核心在于提升个体的审美能力和情感发展。通过艺术鉴赏与评论，学生能够结合理论实践接触到各种艺术形式，如绘画、音乐、舞蹈和电影等，感受不同艺术形式所传达的美感，激发审美兴趣。此外，通过对艺术作品的深入分析和解读，学生能够根据作品理解其内在的主题、风格、技法和文化背景，进而提升审美水平和艺术鉴赏能力，提升了个体的批判性思维能力，培养了语言表达能力和逻辑思维能力。

艺术鉴赏与评论在美育实践中需要综合多种方法和途径，其中实践尤为关键。在实践方法上，经典作品赏析和艺术评论写作是重要的途径。通过选择不同历史时期和风格的代表性艺术作品，学生在细致分析作品的构图、色彩、线条和材质等美学元素中，理解其审美价值。同时，艺术评论写作教授学生系统表达对艺术作品的理解，定期的写作练习和教师反馈，帮助他们不断提升评论能力。互动与体验则是提升学习效果的重要手段。课堂讨论和辩论活动培养学生的批判性思维和表达能力，而实地考察博物馆和美术馆的教育是其中的重要一环，通过参与博物馆与美术馆的展览和教育活动，引导学生实地欣赏和评论艺术作品，有利于提升其审美能力和艺术素养。专业的导览解说能够沉浸式地让学生理解艺术作品的背景和内涵，进一步提升艺术鉴赏水平。

通过系统的艺术鉴赏与评论的实践研究，学生在理论与实践结合中，全面提升了审美能力、批判性思维和文化理解力。互动与体验、跨学科融合、技术与新媒体应用等多种教学策略，使美育课程更具深度和广度，帮助学生在真实的艺术创作和鉴赏过程中，全面提升艺术素养和人文素养。这种全面的美育实践，不仅促进了学生在艺术领域的发展，还能促进他们在广泛的人文科学领域中全面成长，为他们的未来发展奠定坚实的基础。

4.3 美育体验与实践

当代美育体验与实践的形式多样，通过系统的艺术活动和教育策略，学生能够更深刻地理解和体验艺术的魅力，提升他们的审美能力、创造力和综合素养。这些美育形式涵盖了艺术创作、艺术鉴赏、跨学科融合、文化体验等方面，每一种形式都在具体的教育实践中展现出独特的价值和意义。

美育体验与实践在美育教育中占据着核心地位，通过系统的实践活动，学生能够将理论知识转化为实际体验，从而深化他们的审美理解和艺术素养。美育体验与实践的核心目标是通过多样化的艺术活动，让学生亲身感受到艺术创作的过程，提升他们的感知能力、创造力和综合素养。

美育体验与实践包含多样化的艺术活动，以丰富学生的审美感知能力，例如绘画、雕塑、音乐、舞蹈等不同形式的艺术创作。艺术创作是美育体验的重要形式之一。在绘画与雕塑方面，学校可以通过组织绘画工作坊，让学生尝试不同的绘画材料和技法，如水彩、油画、素描等。定期举办的绘画工作坊邀请专业艺术家指导学生，使学生不仅学习到基本的绘画技巧，还通过亲手创作，体验到色彩、构图和空间感的运用。同样，提供雕塑材料如黏土、石膏和木材，让学生体验立体艺术创作，帮助他们理解形体、质感和三维空间的艺术表现。学生可以直接通过实践操作各种艺术材料和工具，体验艺术创作的乐趣和挑战。这种直接的艺术实践活动，有利于帮助学生理解艺术作品的形式和内容，更能感受到创作过程中的情感和思想交流，提升艺术感知力和审美情趣。

美育体验与实践注重培养学生的创造力和创新精神。创意与创新实践是培养学生创造力和社会责任感的重要途径,在艺术创作过程中,学生需要运用自己的想象力和创造力,将所学的美学原理和艺术知识应用到实际创作中。通过设计和制作自己的艺术作品,学生可以探索各种艺术表现手法,尝试不同的创作技巧,激发他们的创新思维和艺术潜能,培养他们的动手能力和创新意识。

美育体验与实践有助于培养学生的综合素养和团队合作精神。许多艺术活动,如集体绘画、舞台剧表演、音乐合奏等,都需要学生之间的合作与协调。在这些实践活动中,学生不仅要学会与他人沟通和合作,还要理解和尊重不同的观点和创意,培养团队精神和协作能力。这种团队合作的实践经验,有助于学生在未来的学习和工作中更好地适应和融入团队,提升他们的综合素质和社会适应能力。

文化体验方面,传统工艺和民俗文化活动为学生提供了深入了解和体验传统文化的机会。通过参加如陶艺、编织和刺绣等的手工艺工作坊,让学生体验传统工艺的制作过程,理解传统文化的艺术价值。邀请非物质文化遗产传承人到校讲解和示范,学生亲身体验和学习传统艺术技艺,增强文化传承意识。节日文化活动结合传统节日,组织相关的艺术活动,如制作灯笼、剪纸和画年画,让学生在节日氛围中感受传统文化的魅力,民族音乐与舞蹈的学习和表演活动则让学生了解和体验不同民族的艺术形式和文化习俗。

跨学科融合是美育课程的重要特色,通过将美学和艺术史与文学、科学等学科结合,锻炼学生的跨学科的综合学习和应用能力,帮助学生在广泛的知识背景下理解艺术作品。通过将美学、历史、文学、哲学等多学科知识融入艺术创作和鉴赏活动,让学生形成综合性的知识体系,拓宽学科视野。不仅提升了学生的知识储备和学科素养,还培养了他们的综合分析和应用能力。

数字技术与新媒体的应用,为美育课程提供了丰富的教学资源和手段。利用虚拟现实技术,学生可以在线参观全球各地的博物馆和艺术馆,拓宽他们的艺术视野。建立数字化艺术作品库,方便学生查阅和研究不同历史时期和风格的艺术作品。在线课程与讲座、互动学习平台等数字技术的应用,使学生可以随时随地进行学习和讨论,提升了学习效果和自主学习能力。数字艺术与多媒体创作也在当代美育中占据重要地位。开设数字艺术课程,让学生使用软件进行多媒体创作,整个过程都由学生自主完成。这不仅能帮助学生掌握数字工具的使用，学生在创作的实践中也领会了如何通过多媒体表达自己的审美观点，提升创意和技术能力。

综上，通过多样化的美育体验与实践，学生能够在真实的艺术创作和鉴赏过程中，深化对艺术和美的理解，为他们在未来的学习、生活和职业生涯中取得更大的成功。

第 5 章　美育实践

　　美育实践是将美育的理念与理想转化为具体行动的桥梁。它不是停留在纸面上的美好构想，而是在真实的生活场景中，通过各种活动、课程和体验，让美真正走进人们的心灵。美育实践是基于中华优秀传统文化传承美育基地、美育与创新、艺术展演和美育社团开展的实践活动，是一场与生活紧密相连的旅程。它可以在画笔与画布的触碰中展现，在音符与旋律的交织中流淌，在舞台上的精彩表演中绽放，也在日常生活的点滴细节中悄然渗透。

5.1　中华优秀传统文化传承基地

5.1.1　基地的建设

（1）创新传承的源流——基地的产生

　　中国经济腾飞的同时，文化软实力的增强也被赋予了深远的意义。2017 年，中华文化的传承与弘扬被纳入国家发展战略的核心位置。政府明确指示，要将中华优秀传统文化的传承与创新融入国民教育的全过程，使之成为塑造国家精神面貌和推动文化发展的核心动力。这不仅彰显了中华文化的博大精深，更显示了国家对塑造文化自信、推动文化繁荣的坚定决心。在这样的背景下，教育部于 2018 年发布《教育部关于开展中华优秀传统文化传承基地建设的通知》，旨在通过高校这一重要平台，推动传统文化的传承与创新。《通知》强调，各高校应结合自身特色和优势，围绕一个或多个传统文化项目进行品牌建设，通过教学、科研、社会服务等多种形式，将传统文化的精髓与现代教育理念相结合，培养具有深厚文化底蕴和创新精神的高素质人才。这一政策的落实，不仅为传统文化的传扬搭建了新平台，也为高校的教育改革与创新提供了新航向。传统文化的传承与创新，不仅能激发学生的文化自信与民族自豪感，亦能推动文化与科技、经济、社会等多领域的交融共生，为中华民族的伟大复兴之路注入深厚的文化底蕴和精神动力。

在国家政策的扶持与引导下，中国传统文化的传承与创新正迎来前所未有的发展机遇。高校作为文化传承的关键阵地，将肩负更加重要的历史使命。通过教育、科研等多种渠道，高校将积极推动中华优秀传统文化的创造性转化与创新性发展，为国家的文化繁荣贡献新的力量。

（2）基地的概念界定

为了深入贯彻落实习近平新时代中国特色社会主义思想和党的十九大精神，教育部紧密围绕习近平总书记对教育的重要论述和全国教育大会的指导思想，积极响应国家文化发展战略，推动中华优秀传统文化在高等教育领域的深度融入与创新发展。为此，教育部于2020年启动了全国普通高校中华优秀传统文化传承基地的遴选工作。这一工作旨在提升高校在传统文化传承与创新中的重要角色，进一步培养具备深厚文化素养和创新精神的高素质人才，为国家的文化发展注入新的活力。遵循《教育部关于开展中华优秀传统文化传承基地建设的通知》（教体艺函〔2018〕5号）的指引，教育部于2020年选定约20个中华优秀传统文化传承基地。这些基地将作为传承与弘扬中华文化的重要舞台，不仅在学术研究、教育实践和文化交流等方面发挥标杆作用，还将成为传统文化与现代教育相互融合、共同发展的创新热土。在建设中华优秀传统文化传承基地的过程中，我们将聚焦于民族民间音乐、美术、舞蹈、戏剧、戏曲、曲艺、传统手工技艺以及民族传统体育等多元化项目。这些项目不仅深度挖掘了中华文化的独特魅力，更体现了中华民族世代相传的智慧与创造力。通过系统地传承和创新这些项目，我们不仅能够培养学生的文化自信和民族自豪感，还将推动文化与科技、经济、社会等领域的深度融合，为中华民族伟大复兴的中国梦注入强大的文化基因和精神内核。遴选过程中，教育部将坚守公平、公正、公开的原则，确保遴选的科学性和权威性。入选高校将享受教育部的政策倾斜和资源扶持，助推基地建设的卓越发展。同时，教育部积极倡导各基地间的交流与合作，共同探寻传统文化传承与创新之道，以塑造独具中国特色、风格与气派的现代教育体系，为国家的文化繁荣和教育进步贡献力量。

（3）基地的建设任务

中华优秀传统文化传承基地建设内容包括课程建设、社团建设、工作坊建设、科学研究、辐射带动、展示交流六个方面。一是课程建设。将中华优秀传统文化课程纳入高校公共艺术和公共体育课程体系，通过客座教授或购买服务等形式，组织各地民族民间艺术家、非物质文化遗产传承人、民间艺人、民族传统体育项目传承人面向非艺术类/体育类专业学生开设选修课并实行学分化管理，每个传承基地应该有若干门面向全校学生的选修课程，每门课程设置 36 个学时，2 个学分。二是社团建设。面向全校学生，在二级院系的平台上成立规模和形式灵活多样的传承项目传习所（学生兴趣小组），在此基础上建设 2～3 个校级的传承项目学生艺术/体育社团，包括传承项目大学生艺术/体育社团、传承志愿者联盟、艺术/体育爱好者俱乐部等，开展内容丰富、形式多样的实践活动，加强对传承项目的推介和传播，推进校园文化创新建设。三是工作坊建设。整合学校和社会资源，配备优质师资以及充足的器材、设施设备和场地，建设 1 个以传承项目为主打的中华优秀传统文化实践工作坊，组织开展有关传承项目的系列主题活动和现场实践体验活动。四是科学研究。依托学校现有相应研究机构或创建专门研究中心，加强以传承项目为重点的中华优秀传统文化教育研究，厘清中华优秀传统文化传承创新的价值与内涵，探索新时代背景下中华优秀传统文化传承创新的理念与路径。五是辐射带动。利用基地建设丰富的师资与课程资源，辐射带动当地 3 所左右的中小学校和 1 个社区，开展基于传承项目的中华优秀传统文化普及教育活动，不断扩大覆盖面和受益面。六是展示交流。每年结合传统节日，组织开展学校体育艺术教育弘扬中华优秀传统文化成果展示活动，充分展现传承项目的建设成果。加强高校校际、高校与中小学、高校与社会在传承中华优秀传统文化方面的经验与成果交流，创新交流方式，丰富交流内容，共享建设成果。

（4）基地的育人功能

一是培养学生的爱国情怀，在传承中华优秀传统文化的过程中，基地深知培养学生的爱国情怀之重要性，激发学生致力中华民族伟大复兴的内在动力。深入挖掘并弘扬中华优秀传统文化的核心精髓，基地致力于引导学生深入理解和热爱国家的历史文化，从而增强他们的民族自豪感和文化自信，鼓励他们树立"为中华之崛起而读书"的远大理想。同时，基地高度重视科技在文化发展中的作用，鼓励学生将科技知识与传统文化相结合，以科技创新推动国家的繁荣发展，为实现科技强国的目标贡献力量。

二是培养学生的创新传承能力，中华优秀传统文化传承基地所承载的育人使命远超越传统知识传授与文化技能培育的层面。其核心价值在于催发学生的创新灵魂与传承能力,进而培育出中华文化的坚定传承者与创新者。学生在这些基地中不仅沉浸于中华文化的深厚底蕴,更洞察其内在的价值和当代意义。他们得以在尊古的基础上展现创新活力,实现文化的继承与发展双重目标。基地运用多元化的教育方式,不仅为学生打造学习传统文化的优质平台,更塑造出他们身为文化传承者与创新者的综合素养和能力。面对新时代的挑战,这些基地在培养具有世界眼光和民族情怀的高素质人才上扮演着不可或缺的角色,它们推动着中华优秀传统文化的创造性转变与创新性演进。

可见,美育基地建设具有重要意义。中华优秀传统文化传承基地的建立,不仅是国家文化发展战略的基石,也是保护和传承中华优秀传统文化的关键一环,是新时代高校深化文化育人功能、培育具有文化底蕴和创新精神人才的必要途径。此举彰显了国家对文化自信的坚守,对传统文化价值的尊重,以及对提升高等教育质量的执着追求。高校传承基地将传统文化智慧融入教育全程,促进学生全面发展,为社会主义文化繁荣兴盛和建设文化强国注入新的活力。

5.1.2 基地的分布与特征

经教育部公示,全国范围内共有106所高校荣获中华优秀传统文化传承基地的称号,遍布28个地区,涉及21个省、3个自治区和4个直辖市。这一地域分布彰显了国家对于传统文化传承的全面考量与对各地区独特文化的尊重。江苏省以拥有10所传承基地的高数量独占鳌头,充分体现了其在高等教育与文化资源方面的强大实力。北京、上海两地则以9所传承基地紧随其后,这无疑与这两大直辖市在经济、文化、教育等多个领域的卓越地位相得益彰。空间分布中,陕西以东的区域在传承基地的数量上较为突出。这一现象的背后,与各地区的经济发展水平、文化资源的丰富性、高校的数量及其建设水平等因素息息相关。中华优秀传统文化传承基地的认定与分布,深刻体现了国家对传统文化传承的高度重视以及对地区文化特色的深切尊重。

在中华优秀传统文化的传承之路上,我国深思熟虑,以各地的文化特色与资源优势为出发点,确保传统文化之精髓能够深深扎根于地方土壤,展现出丰富多样的地域风采。基地既有对传统艺术形式如音乐、舞蹈、戏剧的深入挖掘，也不乏对传统体育和手工技艺等非物质文化遗产的守护。它们共同铸就了中华文化的立体画卷，维护着文化多样性与民族特色的连续性。山东省孔子射艺传承基地是其中的佼佼者，它不仅体现了儒家文化的精神内核，更以射艺为桥梁，展现了齐鲁文化的独特魅力。而在江苏省苏州大学，苏绣艺术传承基地更是借助苏州深厚的刺绣传统，结合现代审美与工艺，培养出一批又一批继承传统、推陈出新的苏绣传人。在陕西，民族民间音乐和传统体育传承基地的建立，是对秦腔、陕北民歌等非物质文化遗产的有力保护。而中央音乐学院的中国民族音乐传承基地，更是以民族音乐为纽带，通过各种形式的活动，使学生深入感受民族音乐的韵味，培养其对民族文化的自信与热爱。这些传承基地的建立与发展，不仅是对中华优秀传统文化的致敬，更是对未来文化传承的深谋远虑。它们让传统与现代相互辉映，让古老的艺术形式在新的时代里绽放出新的光彩。

5.1.3 基地的发展路径

中华优秀传统文化传承基地的发展需要多维度、全方位的探索和推动。其核心目标是通过创新手段传承弘扬中华传统文化，培养具备文化自信和创新能力的人才，促进文化与经济社会的协调发展。为实现这一目标，关键的发展路径包括将中华传统文化教育融入国民教育体系，形成系统化的教育模式；鼓励学生参与传统文化实践活动，深化对传统文化的理解和感悟；支持高校和研究机构开展传统文化的科学研究，推动传统文化的理论创新和实践应用；加强国内外文化交流与合作，提升中华文化的国际影响力；利用现代信息技术创新传统文化传播方式，使传统文化更贴近现代生活；加强传统文化教育师资队伍建设，提升教师的专业素养和教学能力；政府应出台相关政策，为传承基地提供政策支持和资金保障。通过这些措施，中华优秀传统文化传承基地将更好地发挥其作用，为实现中华民族伟大复兴的中国梦贡献力量。

5.1.4 基地实践成果

（1）西安外事学院古琴传承基地

古琴作为中国传统音乐中的瑰宝，承载着丰富的中华文化和精神。自古以来,古琴就被视为文人雅士必不可少的艺术技艺,代表着礼乐文化的重要组成部分,被誉为"琴棋书画"四艺之首。在《礼记·曲礼下》中有"士无故不撤琴瑟"的记录,彰显了古琴在古代社会中的显赫地位和对人们生活的深远影响。

西安外事学院的古琴传承基地不仅被教育部认定为全国第二批中华优秀传统文化传承基地,还在2020年8月被陕西省教育厅认定为省级中华优秀传统文化传承基地。这一成就标志着该基地成为由教育部和省教育厅共同支持和建设的高校传承基地之一。在古琴文化艺术工作坊这一核心场所,基地不仅展示了古琴艺术的传承,同时也致力于推广这一艺术形式。传承古琴艺术并对古琴文化进行创新,使其在当代社会焕发新的活力。西安外事学院的古琴传承基地已经成为中国古琴文化的重要推动者和传播者。学院不仅注重古琴专业的教育,还特别设计了礼乐通识课程,将古琴文化融入育人体系中。学院实行三个层次的教学模式,包括专业教育、通识教育和普及教育,全面推广古琴文化。学院还通过举办古琴展览、演出、收藏、研究、学习和制作等活动,建立了古琴文化艺术工作坊,定期组织古琴专场音乐会,积极参与高雅艺术进校园的活动。学院还将古琴文化推向国际舞台。学院对古琴文化的重视和推广为古琴传承基地的认定和建设奠定了坚实基础,古琴文化在西安外事学院得以传承与发展,为培养更多优秀的古琴人才做出了重要贡献。未来,西安外事学院将继续致力于古琴文化的传承和推广,为古琴艺术在国内外的发展做出更多积极的贡献。

(2) 广东省高校雄狮体育基地

中华文化对人类的贡献不仅仅体现在物质和技术层面,更重要的是在思想和精神层面的影响。广东省以立德树人为根本,遵循学生认知和教学规律,按照一体化、分阶段、有序发展的原则进行传统文化的传承工作。

广东省在中华优秀传统文化传承基地的申报工作中取得了成功,许多高校也积极参与其中,一些高校在传统文化基地的建设工作中展现出了深厚的实力。这些高校致力于挖掘、整理和传承具有代表性和传承价值的传统文化项目,其中雄狮体育基地成为典范。广东省以地域性舞龙、舞狮为特色,将中华民族传统文化道德教育和龙狮文化知识学习与技能教学作为主要内容。同时,龙狮体育社团的开展使得工坊研学与学习体验相结合,实现了传统文化的传承与发展。这种一体化、分段式的课程教学模式也有助于学生更好地了解和参与传统文化的传承工作。广东省高校参与传统文化基地建设工作的经验表明，通过深入挖掘和整理传统文化项目，以及注重价值导向的传承工作，可以有效推动中华优秀传统文化在当代的传承和发展，有利于传承中华文化的精髓，培养学生的民族和文化自信。

5.2 美育与创新

5.2.1 美育的含义与价值

美育在高等学校中具有重要作用。近年来，我国政府相继发布了一系列文件，明确了加强和改进高校美育工作的重要性，并提出了2035年构建中国特色现代化高校美育体系的目标。随着教育部颁布《高等学校公共艺术课程指导纲要》，高校美育工作的核心地位得到了进一步强调。当前，如何推进高校美育实践，确保相关政策措施的有效实施成为亟待解决的问题。美育的特殊教育功能在于引导学生将对美的认识转化为对善的追求，培养他们热爱真理、追求美好，成为既有道德修养又具备专业能力的现代人才。在新时代的背景下，美育与创新的结合成为教育改革的重要方向。创新思维是指人在解决问题时能够突破常规，产生新颖、独特的想法，并通过这些能力使事业和生活得到良好的发展。美育活动通过艺术创作、审美体验等形式，鼓励学生打破传统思维模式，培养他们的创新意识和创新能力。这种结合为学生提供了更广阔的发展空间，激发了他们内在潜能的开发。因此，高校应当充分利用美育资源，积极开展各类美育活动，引导学生积极参与，推动学生全面发展。

高校美育对学生的全面发展有着深远的影响。它不仅提高了学生的审美感知和创造力，激发了他们的创新精神，还有助于塑造健全的人格，培养道德品质和人文精神。作为传承中华优秀传统文化的重要途径，美育有助于增强文化自信，促进社会和谐，提升国际竞争力，激励终身学习。通过美育，高校培养出具有创新能力和国际视野的高素质人才，为社会和国家发展注入新的活力。通过美育，高校在培养学生的同时也在为社会和国家的繁荣贡献力量，为建设更美好的未来奠定基础。

5.2.2 当前美育实践中的创新模式

(1)"以人为本"——面向学生主体的美育教学模式

当前美育实践注重以"以人为本"为核心理念,将学生置于教育过程的中心位置,充分挖掘并尊重每个学生的独特潜能。它不仅强调培养艺术技能,更注重情感、思维和创造力的全面发展。在这一模式下,教学活动的设计和实施都围绕学生的兴趣、需求和成长展开,旨在提供一个自由探索、自主学习的环境。通过这种创新模式,学生能够在激发潜能的同时,培养自信、独立思考能力和创造力,实现个性化发展和全面提升。

美育的价值在于引导学生积极参与、发展潜能,激发创造激情,促进社会发展和文化传承。因此,将学生放在教育实践的核心地位,成为当下美育工作的重要指导思想。在个性化教学方面,教师将学生的兴趣和特长作为设计教学方案的重要依据,激发学生的创造力和自我探索欲。通过艺术创作和审美实践,学生有机会展现个性、发展潜能。跨学科融合的教学策略,会将美育与多种学科相结合,拓宽学生的视野,培养综合运用知识和创新能力。教学理念强调情感与认知并重,不仅注重学生的审美能力提升,更加重视情感教育,培养学生的同情心、责任感和审美情感。联动评价体系全面地反映学生的成长路径,推进全方位发展。

(2)从"五育并举"到"五育融合"

当前,中国教育正经历着"五育并举"向"五育融合"的转变。这一转变不仅意味着教育模式的变革,更体现了新时代中国特色社会主义教育理念的深化。在这个趋势下,美育不再被孤立看待,而是与德育、智育、体育、劳动教育紧密联系在一起,构成一个多维的整体,并在"五育融合"中扮演着重要的角色。它通过艺术教育和审美活动,培养学生的审美情感和审美能力,进而影响其德、智、体、美、劳的多元发展。

"五育融合"是中国教育改革的重要方向,它强调教育的全面性和综合性,旨在培养全面发展的社会主义建设者和接班人。透过美育,学生不仅能够欣赏美的作品,更能够通过自身创作和表现,培养自己的审美能力和表达能力。因此,美育在"五育融合"中扮演的角色至关重要,在这样的教育模式下,学生不再只是知识的接收者,更是全方位的人才培养对象,他们将以更强大的综合能力和创造力迎接未来的挑战。

(3) 学科交叉的美育融合创新

教育部发布《关于全面实施学校美育浸润行动的通知》，旨在强化学校美育工作，提升美育的育人功能。政策强调，到 2027 年，要建立全面覆盖、多样化、高质量的中国特色现代化学校美育体系。同时，政策鼓励跨学科的美育教学，将艺术与科学、历史、文学等学科结合起来，开发跨学科的美育课程，促进学生在实践中跨学科知识的融合，提升综合素养，为培养具有创新精神和实践能力的复合型人才奠定基础。这一创新模式有助于推动教育现代化进程，为培养适应未来社会发展需求的高素质人才提供有力支持。通过全面实施学校美育浸润行动，我们将见证教育体系的转变，培养出更多具有综合素养和创新精神的人才，为国家发展注入新的活力和动力。

5.2.3 推动高校美育创新的实践路径

(1) 明确高校美育的目标定位

高校教育中确立美育的重要地位是为了培养学生全面素质，其核心目标包括培养学生的审美素养、促进全面发展、激发创新精神、传承文化价值、培养社会责任感和提升国际竞争力。为实现这一目标，高校应构建一个以审美教育为基石，融合艺术、科技、人文等多学科知识的综合培养体系，以确保学生在多元化的学习环境中获得全面而深入的发展。

(2) 完善教育教学环境

高校应当重视美育建设，增加相关资金投入，并开发融合艺术与科技、历史、哲学等多学科内容的美育课程，以培养学生的创新思维和跨学科学习能力。为了提高美育教学质量，应当加强美育教师的专业培训，提升其创新教学能力和跨学科整合能力，采用项目式学习、探究式学习等互动性强的教学方法。在校园中营造浓厚的艺术氛围，鼓励学生参与校园文化活动，培养审美情趣和文化自信。同时，建立校内外艺术实践基地，鼓励学生参与艺术创作、表演、展览等活动，以提升他们的实践能力。

5.3 艺术展演

5.3.1 高校艺术展演的定义

艺术展演是将视觉艺术展览与表演艺术演出相结合的活动，通常在特定的时间和空间内进行。在高等教育机构中，艺术展演通常涉及音乐、舞蹈、戏剧、美术和设计等艺术形式，以大学生为创作主体，以艺术作品为展示核心，依托校内外的舞台和展览空间，开展一系列的艺术创作、展示、表演和传播活动。

高校艺术展演作为艺术教育的核心实践形式，为学生提供了展示个人艺术才能、参与艺术创作过程以及体验艺术鉴赏的综合性平台。这一平台不仅能够激发学生对艺术的热爱和追求，而且在提升学生审美鉴赏力、创新思维和实践能力方面发挥着至关重要的作用。通过艺术展演，学生能够将理论知识与实践技能相结合，实现艺术素养的全面提升，进而为培养具有创新精神和实践能力的高素质人才奠定坚实基础。

5.3.2 艺术展演的美育功能

校园文化建设和美育实践中，艺术展演扮演着关键角色。通过精心策划和组织的艺术展演活动，学生可以深入实践美学知识，提升审美鉴赏力和创造力，通过平台展现自我，促进个性化发展。艺术展演的过程是对艺术价值的认同和尊重，更是对美的感悟和对艺术的热爱。学生在参与中将更加深刻地体会到艺术的魅力和力量，为自身的成长和发展积累宝贵的经验。

校园文化的构建是一个重要的议题，而艺术展演在其中扮演着不可或缺的角色。艺术展演不仅有助于展示学校的教育成果，更重要的是能够培养学生的创新思维和专业技能。学生通过艺术展演，将所学知识与实践相结合，实现了理论与实践的互动。此外，艺术展演还能够促进学生对多元文化的理解和尊重，以培养学生跨文化沟通能力，丰富学生的视野。艺术展演活动具有时代感和城市文化活力，与大学生追求艺术和时尚的天性紧密相连。展演将艺术与时尚元素相结合，创新文化表达方式，为城市文化注入了新的活力和创意，有助于构建和谐、文明、富有活力的城市文化环境。艺术展演是美育的重要形式，通过艺术展演，不仅可以培养学生的艺术素养，更能够促进他们全面发展，为社会培养出具有创新精神和实践能力的人才。

5.3.3 艺术展演与竞赛的类别

目前，国内外艺术展演与竞赛种类繁多，层次各异。本书基于笔者多年指导大学生艺术展演与竞赛的基础上，将国内设计竞赛主要分为两种类别，即纵向竞赛和横向竞赛。纵向竞赛主要指由政府、教育管理部门主办的竞赛。整理的主要纵向竞赛有教育部高等学校计算机类专业教学指导委员会等主办的中国大学生计算机设计大赛，教育部高等学校新闻传播学类专业教学指导委员会等主办的全国大学生广告艺术大赛，工业和信息化部人才交流中心等主办的"未来设计师"全国高校数字艺术设计大赛（NCDA），中国高等教育学会等主办的两岸新锐设计竞赛·华灿奖，以及各省教育厅主办的各级竞赛等。整理的主要横向竞赛包括中国包装联合会主办的中国包装创意设计大赛，中国包装联合会设计委员会主办的中国之星设计艺术大奖暨国家包装设计奖，中国广告协会等主办的中国大学生广告艺术节学院奖，中国工业设计协会等主办的中国设计红星奖，以及各省级包装协会、美术家协会、广告协会等专业团体主办的省级专业设计竞赛。除此之外，各类竞赛的划分也不尽相同，如中国高等教育学会自2017年开始公布的竞赛排行榜赛事，高校教师教学发展研究国家级虚拟教研室联合浙江大学、湖北工业大学发布"全国普通高校大学生艺术类竞赛指数"等清单赛事，以及各高校划分的A类、B类赛事等丰富多样，为高校参赛师生提供了竞赛层级划分的依据。

将各类竞赛按照国别划分为两种类别，即国际竞赛和国内竞赛。国际竞赛主要指由国际各类设计协会、政府、大学、团体等主办的竞赛，如国际设计理事会（ico-D）、韩国现代设计协会（KECD）、国际工业设计联合会（ICSID）；各国的文化部、高校等主办和认可的比赛，如意大利A'设计奖与竞赛、德国红点奖、墨西哥国际海报双年展、亚洲平面设计三年展、俄罗斯金蜜蜂国际平面设计双年展等展赛。国际竞赛的影响力颇为深远，参与的设计师人数众多，参与的国家众多，评委的来源国别也较复杂，各国文化的交叉和融合也较为深入，作品水准也具有国际化和前沿性。国内竞赛是指国

第 5 章 美育实践

内的各类纵向竞赛和横向竞赛。目前，国内设计教育水平不断提升，加之新媒体、网络、自媒体的广泛应用，为设计师搭建了了解和学习国际设计的平台，设计师的视野也投入国际前沿。设计协会、政府部门等也纷纷举办竞赛与展览，推动高水平设计人才培养水平不断提升。国内众多高校参与国内外各类设计展赛，在参与中不断学习和成长。由此可见，艺术展演与竞赛成为高校艺术特长生成长成才的舞台。如图 5.1、图 5.2。

5.3.4 艺术展演的实施策略

一是明确展演目标定位。在策划艺术展演时，首先需要明确教育目标和学生需求，以提升审美素养和培养创新思维为目标。选择主题时需注重

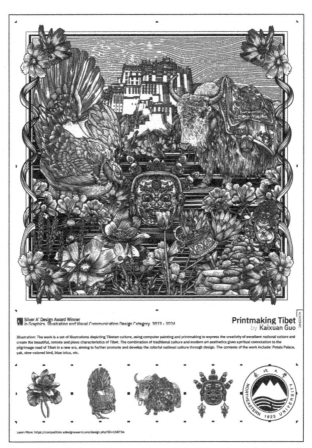

图 5.1 郭凯旋《西藏版画》（*Printmaking Tibet*）获意大利 A' 设计奖与竞赛银奖，2024 年

图5.2　鞠济璟《丽江古城》(*Old Town of Lijiang*) 获意大利A'设计奖与竞赛银奖，2023年

传统文化元素和时尚元素的有机融合，以展演形式推动高校教育改革发展。艺术展演不仅能够激发学生的创造力和想象力，也可以为普通高等院校相关专业的改革发展提供借鉴和指导。通过展演，可以使人们更好地了解各大专业教育的改革方向，为高等教育的发展贡献力量。因此，在艺术展演策划中，除了注重内容的吸引力和教育意义外，还应该考虑到与学生的需求和社会发展的契合度，推动高等教育改革朝着更加积极的方向发展。通过艺术展演引领教育改革的浪潮，为学生提供更广阔的视野和更丰富的学习体验。

二是完善展演组织条件。艺术展演在学校教育中扮演着重要角色，为此，策划与组织工作至关重要。在制定策划流程时，需根据教育目标制定详细方案，包括节目选择、场地布置、时间安排等。建立高效的组织结构，明确参与者职责，保障活动顺利进行。同时，整合校内外资源，如师资、场地、设备等，为展演提供支持。透明化策划、组织和执行过程，利用现代信息技术手段扩大影响力和参与度，确保公信力。同时，重视项目总结和反馈，评估展演效果，不断优化组织条件，提升艺术展演质量和水平。只有这样，艺术展演才能成为学校教育改革建设和学生全面发展的有效载体。

三是突出办学特色。艺术展演是学校展示教育成果和特色的重要渠道。通过多样性和创新性的艺术形式，学校能够全面展现其教育理念、教学成果和文化氛围，增强学校的凝聚力和影响力。精心策划和组织艺术展演不仅有助于提升学生的艺术素养和实践能力，还能促进学生全面发展，培养创新精神和团队协作能力。为了更好地实现这一目标，学校需要结合自身特色，将艺术与教育深度融合。鼓励师生参与创作，并注重艺术展演的教育意义和文化价值。同时，利用现代科技手段，创新展演形式，提高展演的吸引力和感染力。这样一来，艺术展演才能更好地为学校的教育目标服务，成为一个有效的平台。

四是发展灵活多元的展演业态。现今教育理念强调个体发展的全面性，而非局限于传统的教学方式。在普通高校专业教育中，大量重复的专业人才已不再适用于社会的需求。因此，艺术展演不仅在于培养学生的组织能力、团队协作意识和责任感，同时也提供了各种多样化的专业机会。通过与专业艺术家或教师的合作指导，艺术展演的专业水平和品质得以提升。通过校园媒体、社交媒体等多种渠道广泛宣传艺术展演和竞赛，能够提高活动的知名度和影响力。这种方式有助于拓宽学生的视野，提升他们的艺术修养和审美能力，同时也促进了学生的全面发展。这样的教育方式有助于培养具有创新精神和实践能力的人才，更符合现代社会对于人才的需求。艺术展演不仅仅是一种活动，更是一种教育的方式，能够在学生中灌输独立思考和创造的精神。这种教育方式不仅能够培养学生的专业技能，更能够锻炼其综合素养，使其在未来的社会中能够全面发展。

5.3.5 艺术展演的改革与实践研究

全国大学生艺术展演活动是我国规模最大、影响最广的大学生艺术展演平台。这一活动不仅是展示全国高校美育成果的盛大舞台，更是展现新时代青年大学生家国情怀和进取品格的重要机会。2024年6月，第七届全国大学生艺术展演活动以"厚植家国情怀，涵养进取品格"为主题，充分体现了对习近平文化思想和习近平总书记关于教育的重要论述的贯彻实施。在新时代的背景下，展示了全面实施学校美育浸润行动的坚定决心。这一艺术展演活动致力于培养青年大学生爱国之情和积极进取的品格。通过各类艺术表现形式，如音乐、舞蹈、戏剧等，展现了青年大学生对祖国的深厚情感和对未来的向往与努力。活动不仅为青年学子提供了展示才华的舞台，更是增强他们的文化自信和家国情怀，引导他们在成长过程中树立正确的价值观和信仰，为社会主义建设贡献青年力量。通过全国大学生艺术展演活动，我们看到了青年一代在家国情怀和进取品格上展现出的无限活力和潜力。这不仅是对青年学子的肯定，也为他们未来的发展奠定了坚实基础。展望未来，我们有理由相信，青年大学生将继续发扬家国情怀，培育进取品格，为实现国家富强、民族复兴而努力奋斗。

本届展演是一个汇聚了来自全国200余所高校的7400余名大学生的盛会，他们通过声乐、器乐、舞蹈、戏剧等多种艺术形式展示着新时代大学生的艺术才华和青春风采。在戏剧朗诵专场中，上海电影艺术职业学院的音乐剧《国之当歌》，通过讲述抗战英雄的故事，激发了在场大学生的爱国情怀和责任意识。这些作品不仅给观众带来了一场视觉和听觉的盛宴，同时也为参与者们提供了一堂生动而深刻的思政教育课。这样的作品不仅是为了展示个人的才华，更是通过艺术的形式传递正能量，为大学生们树立正确的价值观和人生观，引导他们在追求梦想的道路上勇敢前行。通过这种形式，让大学生们在艺术中获得成长，在欣赏中汲取力量，展现自我也奉献他人，体现了大学生积极向上、热爱祖国、热爱生活的精神风貌。全国大学生艺术展演活动作为高校美育的重要平台，不仅展示了各高校在美育教育方面的成果，也促进了校园文化的繁荣。通过展览和工作坊，大学生的审美素养和人文素养得到了提高，同时也丰富了校园文化生活。这一活动不仅仅是展示，更是为培养新时代人才提供了重要支持，使学生在德、智、体、美、劳等方面实现全面发展。全国大学生艺术展演活动的成功举办，让学生更加深入地了解艺术，激发了他们的创造力和想象力。这种全方位的教育方式，不仅教会他们专业知识，也培养了他们的综合能力，为他们将来的发展打下了坚实的基础。

面对新的时代背景，高校美育工作需要与时俱进，不断适应美育教育的新变化和新发展。高校应该明确自身办学特色，构建全新的美育课程体系，并将美育理念贯穿于德育、智育、体育与劳育之中，形成德智体美劳全面发展的教育体系。通过参与大型艺术展览和演出等艺术活动，学生不仅可以提升审美感受、鉴赏和创造能力，还可以进一步发挥美育的育人功能。这将为国家培养更多德智体美劳全面发展的优秀人才，为社会的进步和发展做出更大的贡献。高校美育工作的重要性不言而喻，只有通过不懈的努力和创新，才能使美育教育真正发挥出最大的作用，培养出更多具有审美情趣和综合素养的人才。

全国高校艺术展演实践案例列举如下：

(1) 厦门大学校庆艺术展演改革实践

厦门大学校庆活动中，艺术展演成为展示学校艺术成果的舞台，更是促进文化交流、增强校园凝聚力的媒介。通过艺术展演，学校将抽象的文化资源转化为具体的艺术形式，让学生在健康的文化氛围中感受艺术的魅力。同时，艺术展演也为学生提供了实践艺术创作的机会，培养了他们的艺术才能和团队协作能力。这样的活动不仅激发了学生的艺术潜能，也丰富了校园文化生活，让师生都能在其中获得自我提升的机会。因此，艺术展演是学校庆典活动中不可或缺的一环，其重要性远远超出了一场演出的意义。

厦门大学在校庆艺术展演管理上展现出了丰富多样的方法。学校结合文化项目管理理念，对艺术展演进行全方位的规划、设计、执行和评估。在策划阶段，学校注重与师生、校友以及校外合作伙伴的沟通与合作，共同创作具有教育和审美价值的艺术作品。在执行阶段，学校采用多种管理方法相结合的方式，确保艺术展演的顺利进行。在后续影响评估方面，学校通过收集观众反馈和分析媒体报道等方式，不断优化艺术展演的内容和形式。学校充分认识到，艺术展演作为一种特殊的文化实践活动，背后蕴含着丰富的文化资本。通过艺术展演，学校将文化资本从抽象的"观念"转化为具体的"艺术品"，实现了文化资本的增值和转化。同时，艺术展演也为学校带来了良好的社会效益和经济效益，提升了学校的知名度和美誉度。这种灵活多样的管理方法不仅展现了学校的管理水平和办学品质，同时也为师生提供了参与艺术活动的机会，促进了文化传承和教育发展。

厦门大学在校庆艺术展演中走在了时代前沿，用实际行动彰显了文化自信和文化软实力。这种深入人心的文化活动不仅激发了学生的创造力和想象力,也为社会带来了积极的影响,彰显了大学在文化传承和教育领域的重要作用。在未来,厦门大学将继续发扬这种文化活动管理的优势,不断提升艺术展演的品质和影响力,为学校的发展注入新的动力和活力。同时,学校也将继续与社会各界合作,深化文化交流,共同推动文化事业的繁荣和发展。通过这种艺术展演管理方法的不断完善和创新,厦门大学将继续在文化领域展现出自身的独特魅力,为学生和社会带来更多的美好。

厦门大学校庆艺术展演作为一项独特的文化仪式活动,不仅充分展示了学校在艺术领域的成果和文化底蕴,同时也在促进文化交流、增强校园凝聚力等方面发挥着重要作用。参与其中的师生及观众能够更好地领略学校独特的文化风采,增进对学校文化的认同感和自豪感。这种活动不仅仅是简单的展示,更是对学校文化功能、管理模式以及文化资本转化的深度思考和呈现。通过校庆艺术展演,人们可以深入了解并把握学校的文化内涵,为学校未来的发展提供有益的借鉴和启示。

(2) 广西地区大学生艺术展演实践案例

广西地区在全国大学生艺术展演活动中,以"四融三导"美育模式为核心引领各高校迈向美育模式改革的前沿。这一模式不仅将课程教学、社团活动、线上线下学习、校园文化与宿舍文化、校园展演与社会服务融合在一起,更是在提升学生的审美修养、人文素养和艺术创新能力方面起到了重要作用。通过多维度的融合和导向,这种美育路径为学生提供了更加丰富和全面的学习体验。这种实践不仅是对传统美育模式的突破和创新,也是对学生综合素质培养的有力推动。全国大学生艺术展演活动推动着美育模式的更新与发展,为培养具有艺术创新能力的优秀人才打下了良好基础。

广西一院校在改革实践中开创了新的模式。他们将艺术课程和社团活动巧妙融合,为学生提供了更多丰富多彩的艺术实践机会,培养了他们的艺术兴趣和特长。同时,线上学习和线下阅读相结合,为学生拓宽了学习渠道,增强了学习的灵活性与实效性。此外,学校还注重校园文化和宿舍文化的融合,通过美化宿舍环境、营造文化氛围,让学生在日常生活中感受到美的熏陶。校园展演与社会服务的融合也是学校的一大特色。学生不仅有机会展示自己的艺术才华,还能提升服务社会的意识和能力。这种融合不仅使学生在校园中得到全面的成长,也为他们将来的社会生活奠定了坚实的基础。广西一院校的做法，无疑为其他院校的发展提供了有益借鉴。希望更多的学校可以借鉴他们的经验，为学生提供更加丰富多彩的成长体验，培养出更多有社会责任感和文化素养的优秀人才。

学院在实施美育教育中，始终以学生为中心，充分尊重他们的主体性和个性化需求。教师既是引导者也是专家，引领学生走向艺术之路。同时，学院积极挖掘利用教育资源，将广西特色文化融入作品编创和排演中。通过这种方式，地方院校成功实现了本土化艺术教育的目标。这种教育理念不仅培养了学生的审美观和创造力，更加丰富了学校的教育实践，为地方教育事业注入了新的活力。

这些创新实践在全国大学生艺术展演活动中得到了完美展示，取得了显著成效。学生的艺术素养和综合能力得到提升，同时也促进了学校美育工作的全面发展。这些实践不仅是对学生才华的肯定，也是对学校教育教学工作的认可，为培养更多具有创新精神和实践能力的优秀人才奠定了坚实基础。展演活动不仅仅是一次展示，更是学生全面发展的重要途径，为他们未来的成长之路注入了动力和希望。学院的美育教育改革成果得到了广泛认可，为地区内同等院校的艺术教育提供了有益的借鉴和启示。

5.4　美育社团

5.4.1　美育社团的概述

当代高校教育中，美育社团扮演着重要角色，有助于提升学生素质，培养艺术修养和创新能力。美育社团为学生提供展示和交流的平台，同时在潜移默化中提高学生的综合素质。随着信息爆炸式增长和大数据时代的到来，美育社团教学和研究面临前所未有的机遇和挑战。新形势下，美育社团需要更好地适应时代潮流，发挥其教育功能，引导学生积极参与，提升创新能力和综合素质。美育社团应积极探索新的教学模式，借助现代技术手段加强创新能力的培养，让学生更好地融入艺术氛围，开拓思维，提升综合素质。在大数据时代，美育社团的发展需要与时俱进，不断创新，以更好地满足学生的需求，促进学生全面发展。

美育社团在提升学生综合素质方面起着不可或缺的作用。社团活动不仅让学生接触到更广泛的艺术领域，拓宽了他们的视野，提升了审美情趣和审美能力，同时也锻炼了学生的团队协作、沟通表达等能力，为未来的职业发展奠定了坚实基础。美育社团是培养学生艺术修养的摇篮，学生可以在这里深入了解艺术的本质和魅力，掌握基本艺术知识和技能，提升个人的艺术素养。参与社团的创作和表演活动可以让学生展现自己的艺术才华，获得成就感和自信心。此外，美育社团也是培养学生创新能力的重要场所。在社团的活动中，学生们需要不断尝试新的创作方式和表现手法，挑战自我，突破传统。这种创新能力的培养不仅有益于学生在艺术领域取得更高的成就，还能为其他领域的学习和工作提供有益的启示。

综上所述，美育社团作为学生综合素质提升的重要途径，为他们提供了丰富的艺术体验和学习机会，不仅培养了他们的审美情趣和团队协作能力，还促进了个人创新发展。学生应当积极参与美育社团的活动，不断提升自我，拓宽视野，为未来的成长和发展奠定坚实的基础。

5.4.2 美育社团的定位与功能

美育社团作为学生组织，致力于通过艺术促进学生个体和集体的发展。在提升学生艺术素养方面，社团组织了各类艺术活动和培训课程，引导学生探索艺术领域，提升技能水平。同时，通过举办文化传统活动和艺术展览，帮助学生更好地了解和传承中华文化。美育社团的活动不仅培养学生的审美能力和创造力，更激发他们对艺术的热爱和对传统文化的热忱。通过这些活动，学生能够在艺术中找到自己的兴趣所在，实现个人价值和全面发展。

美育社团致力于提高学生的艺术修养。通过不同形式的活动，如定期举办艺术讲座、展览和演出等，社团为学生创造了一个欣赏、发现和创造美的平台。这些活动不仅有助于学生深入理解艺术，也能够激发他们的艺术兴趣和创造力，以提升学生的艺术鉴赏和表现能力。通过参与这些活动，学生将能够更好地发掘自己的艺术潜能，并且拓展自己的视野，更好地欣赏和理解艺术的魅力。这样的社团活动，无疑将对学生的综合素质和未来发展起到积极的促进作用。

美育社团对学生成长至关重要，参与社团活动不仅要求学生具备艺术修养，还需要发展组织、沟通、协作等能力。通过社团的运作和活动的组织，学生得以全面锻炼，提升自身素质。美育社团不仅是培养学生审美情操的平台，更是促进学生个人全面发展的重要途径。通过参与社团活动，学生可以不断挑战自我，培养团队合作意识，提高综合素养，为未来的发展奠定坚实基础。社团内部成员之间的交流和合作，还能够帮助学生建立良好的人际关系，培养团队合作精神。

美育社团在传承与弘扬中华文化方面发挥着独特作用。举办书法、国画、戏曲等传统艺术活动，引导学生热爱中华文化，增强文化自信。通过活动，学生传承和弘扬中华优秀传统文化，为文化传承与发展做贡献。美育社团不仅提高了学生的审美水平，更重要的是让他们在文化自信中找到自己的归属感。强调传统文化价值，培养学生的文化情怀和审美情趣，传承中华民族文化精髓。美育社团的工作旨在通过文化活动让学生感受到中华文化的博大精深，激发他们对传统文化的热爱与保护意识。

美育社团扮演着重要角色，可以提升学生的艺术素养并促进全面发展。通过传承和弘扬中华文化，不仅培养了学生的艺术兴趣，更促进了他们的综合素质提升。美育社团不仅仅是一个平台，更是一个重要的文化传承基地。在这里，学生可以接触到丰富多彩的艺术形式，激发他们的创造力和想象力，让他们在美的世界里得以全面成长。

5.4.3 美育社团的教学研究

一是创新教学模式。美育社团在适应大数据时代的发展中，创新教学模式显得至关重要。利用现代信息技术手段，如大数据和互联网，美育社团能够突破传统教学的束缚，开展创新的教学方式。一种可行的方法是通过开展线上线下相结合的艺术课程，同时利用网络平台展示和交流艺术作品，让学生更加便捷地获取艺术资源，开阔学习渠道。此外，应用大数据技术可以为美育社团提供更准确的教学指导。通过分析学生的学习行为和兴趣，为他们提供个性化的学习建议和推荐，从而更好地满足学生的需求。这种个性化的教学方式能够有效提高学生学习的效率和兴趣，使他们更快乐地学习。因此，通过创新教学模式，并结合大数据技术的应用，美育社团能够更好地适应大数据时代的发展需求，为学生提供更优质的美育教育服务。

二是拓展教学内容。适应时代变化，拓展教学内容是美育社团发展的关键。随着大数据时代的到来，新型艺术形式如新媒体艺术、数字艺术不断涌现。因此，美育社团应当与时俱进，将新兴艺术形式融入教学，开拓学生的艺术视野。引入这些新兴艺术形式，不仅能激发学生学习的热情和创造力，还能帮助他们更好地理解当代艺术的发展趋势和特点。通过拓展教学内容，学生不仅能够从传统教学中受益，还能接触到更多新颖的艺术形式，丰富他们的艺术体验。这样的教学方式既符合时代潮流，又有利于培养学生的综合素养和审美能力。同时，引入新兴艺术形式也能激发学生的创造潜力，让他们在实践中探索，发现自己的艺术兴趣和天赋。在美育社团的引领下，学生将更好地适应当代艺术的发展要求，成为具有创新精神和跨界思维的艺术人才。通过拓展教学内容，美育社团不仅能够践行教育使命，更能够培养出更多具有国际竞争力的艺术人才，为时代发展注入更多创造力和活力。

三是改革教学评价。改革教学评价是提高美育社团教学水平的重要手段。建立科学、合理的评价体系对于客观评价教学效果至关重要。在大数据时代，可以利用数据分析技术对学生在社团活动中的表现进行评估，结合过程性和结果性评价，全面反映学生的学习成果和潜力。注重学生参与度和创造力的发挥，鼓励他们积极参与社团活动，发挥特长和潜能，激发学习兴趣和自信心。综合评价可以更好地促进学生全面发展，提高美育社团的教学质量，为学生成长和发展提供有力支持。

5.4.4 美育社团的发展模式架构

随着社会的发展，高校美育工作变得越来越重要，而美育社团作为其中不可或缺的一环也变得更加显要。面对时代的变化，美育社团需要准确把握发展方向，以适应潮流并推动美育工作的创新与发展。美育社团应当注重培养学生的审美能力和创造力，引导他们更好地理解和欣赏艺术，提升综合素质。同时，美育社团也要加强与校内外资源的合作，丰富活动形式，开展多样化的艺术教育，激发学生的学习热情。只有不断完善和提升美育社团的工作，才能更好地满足学生的需求，促进高校美育事业的繁荣发展。

加强与其他社团的合作与交流，对于美育社团的发展至关重要。与各类社团建立合作关系，有助于实现资源的优化配置，共享优质的教育资源，形成优势互补的局面。这种合作模式不仅能够丰富美育社团的教学内容，还能促进不同学科之间的交叉融合，为学生提供一个更加多元化、全面化的学习环境。通过共同举办活动、交流经验等方式，借鉴其他社团的成功经验，不断提升自身的教学水平和创新能力。

拓宽国际视野，加强与国际高校美育社团的交流与合作，对于美育社团的发展具有重要意义。通过与国际先进的美育社团建立联系，能够引进国际先进的艺术教育理念和教学方法，提升自身的教育质量和国际影响力。同时，这种国际交流还能促进不同文化之间的交流与融合，为学生提供一个更加广阔的视野和更加丰富的艺术体验。这有助于培养学生的跨文化交流能力和全球意识，为他们的未来发展打下坚实的基础。

服务社会也是美育社团的重要职责之一。积极参与社会公益活动和文化交流活动，将高校美育成果推向社会，为社会文化的繁荣和发展贡献力量。通过组织各类艺术展览、演出、讲座等活动，美育社团能够向公众展示高校美育的成果和特色，提升公众对美育的认识和重视程度。同时，这种社会服务还能为美育社团提供实践机会和展示平台，促进社团成员的成长和发展。加强社团间合作与交流，共同倡导国际交流，积极服务社会，将助力美育社团实现更加全面、稳健的发展。

高校美育社团在推动美育工作发展中扮演着至关重要的角色，对提升学校美育水平、培养创新人才具有重要意义。在当前新时代的背景下，美育社团需要不断创新教学模式、拓展教学内容、改革评价体系，以适应时代的变化和社会的需求。通过加强与其他社团的合作与交流、拓宽国际视野、为社会提供服务等方式，美育社团可以更好地促进学生的全面发展和社会文化的繁荣。美育社团的发展不仅仅是为了传递教育美育方面的知识，更是为了培养学生的综合素养和创新能力，为社会的发展注入新的活力和动力。在未来的道路上，美育社团将继续发挥重要作用，为学生成长成才和社会文化的进步贡献力量。

第 6 章　美育与学科

学科是人类智慧的结晶，是我们认识世界、解决问题的工具。而美育则如同灵动的精灵，赋予这些学科以灵魂和魅力。美育不仅能增添学科的趣味性，更能激发我们对知识的热爱和追求。它帮助我们从不同的角度去理解学科的内涵，培养创新思维和综合素养。美育与学科的融合，能促进美育在各个学科中绽放光彩，增加各学科审美乐趣和深度。

6.1　美育与学科的关系

6.1.1　美育在新文科建设中的新取向

美育在新文科建设中扮演着重要角色，其核心是培养学生的综合素养和人文精神。美育的影响不仅局限于文科领域，还辐射到理、工、农、医等多个领域，对整个高等教育体系都具有深远的影响。通过美育，学生能够培养更丰富的情感和更深刻的思考能力，这为他们成为具有创新精神和人文关怀的现代公民奠定了坚实基础。美育重视学生的精神品质和气质培养，注重塑造其人格，使他们更具社会责任感和文化底蕴。在当今快节奏的社会中，美育不仅是教育工作者的责任，也是整个社会共同关注的重要议题。

美育是新时代的育人要求。在新文科风潮下，美育备受关注与重视，它不仅能够促进学生全面发展，更能够培养他们的跨学科思维和创新精神。在当今社会，美育不仅仅是一门学科，更是培养学生综合素质和创新能力的重要途径。通过美育教育，学生不仅能够建立全面的知识结构和审美能力，还能够在艺术创作、文化传承和创新实践中积极发挥作用。随着社会的不断发展，培养具有国际视野和文化自信的优秀人才已成为当务之急。而美育正是为此做出贡献的重要力量。通过美育，学生不仅可以发展自己的艺术潜能，还可以在跨学科合作和创新实践中不断提升自己。只有这样，社会才能培养出更多具有国际竞争力的人才，推动社会的发展和进步。因此，美育在新时代的发展中扮演着至关重要的角色，其价值和意义不可忽视。高校应该注重加强通识课程中的美育教育，以建立完整的美育体系和课程结构，提高教育质量。我们应该改变看待美育在人才培养中的角色，将其贯穿整个培养过程。通过教学方法的改革和创新，实现现代技术与美育的有机融合，推动美育教育的进步。这涉及利用数字媒体和网络平台，创新美育教学方式，将美育融入专业课程和实践中，从而提升学生的综合素质和创新能力。这样的做法有助于培养更多具有创造力和综合素养的人才，推动整个社会的进步。

6.1.2 美育与学科之间的关联

（1）美育的跨学科概念的提出

2019年，美育被提出为"新文科"的概念，强调打破学科界限，促进学科间的融合和创新。这与美育跨界融合的理念相契合，凸显了其跨学科特性。新文科强调学科间的融合与创新，而美育正是这一理念的典型代表。美育不仅跨越了传统学科的界限，而且融合了艺术、人文、社会科学以及自然科学等领域，构建了新型的教育模式。在新文科的框架下，美育不仅有助于学生深入学习艺术领域，还能够帮助他们将艺术思维和审美理念运用到其他学科的学习和研究中，促进知识的综合运用和创新思维的培养。

美育与学科教育密不可分，共同致力于培养学生的批判性和创造性思维。美育激发学生想象力和创新精神，这些能力在学科教育中同样至关重要。将美育元素融入学科教育，可以帮助学生主动探索、批判性思考和创新解决问题，培养出未来社会需求的复合型人才。美育是培养个体审美能力和人文素养的重要途径，与学科教育密不可分。它不仅为学生提供了艺术创作和欣赏的机会，还能通过艺术的视角和方法，丰富学科教育的内容和形式。美育不仅仅是单纯的艺术教育，更是一种跨学科的整合，可以拓展学生的思维和感知，培养其创造力和综合素养。通过美育，学生可以更好地理解学科知识，激发对文化和艺术的兴趣，促进个体的全面发展。

（2）美育与学科教育之间的内在关联

教育的整合性和人文主义理念是美育与学科教育之间内在关联的基

础。教育的整合性要求各学科之间相互联系渗透，而人文主义理念则强调个体的全面发展，包括情感、审美和道德等非智力因素的培养。美育作为这种理念的具体体现，通过审美活动促进学生情感丰富和个性完善。同时，通过积累审美经验，帮助学生在其他学科中发现和欣赏美的元素，实现知识与情感的融合。美育不仅是培养学生审美情趣的重要途径，更是促进学科教育贯穿情感因素的重要桥梁。只有注重美育，才能让学生在学习中感受到美的力量，激发学习的兴趣，提高学习的质量。因此，美育不仅是学科教育的有机组成部分，更是促进学生全面发展的重要保障。

作为一种跨学科的教育实践，美育不仅关注艺术本身，更注重艺术与其他学科的交汇。这种特性为学科教育带来新的视角和方法，促进学科之间的交流与合作。美育的融入不再局限于知识传递，而是拓展到情感、态度和价值观的培养，实现全面的人类发展。通过美育，学生可以更全面地发展自己，不仅在学术上取得成就，更能培养出更丰富的情感和更高的道德品质。美育的理念贯穿于教育的方方面面，为学生提供了更广阔的成长空间和更丰富的学习体验。

6.2　美育在多学科中的作用

美育作为塑造心灵的教育形式，与各学科密切相关。每个学科中都蕴含着丰富的人文元素，具有人类实践的内在维度。美育的作用不仅在于美的表现，更在于促进各学科之间的交流和对话，建立起科学的人文育人体系。在跨学科融合中，美育扮演着桥梁和纽带的角色，将不同学科的知识和理念融会贯通，创造出新的学科增长点。通过跨学科的美育实践，学生能够获得更为全面的教育体验，培养成适应未来社会需求的复合型人才。

6.2.1　美育在人文社会科学学科中的作用

美育在人文社会科学学科中扮演着关键的角色。它不仅为学科注入了新的内涵，而且有助于提升学生的综合素质。通过欣赏和创作艺术作品，美育帮助学生理解人类历史、文化和社会现象，提升他们的人文素养。感受美的过程中，学生也能够深刻体会人类社会的复杂和多样性。在文学、历史、社会学和哲学等学科中，美育培养学生的审美能力，让他们能够从艺术角度欣赏和评价各种文化现象，增强对人类文明的理解和尊重。美育鼓励学生超越学科界限，将艺术视角和方法引入人文社会科学的学习，促进跨学科思维的发展，帮助他们多角度思考和分析复杂问题。通过阅读文学作品和探讨历史事件，美育提升学生的情感共鸣和同理心，培养更加开放和包容的心态。艺术创作和欣赏活动激发学生的想象力和创新精神，在人文社会科学学科学习中，这种创新思维能够帮助学生提出新的观点和解决方案，推动学科的不断发展。在传承和弘扬民族文化方面，美育让学生深入了解和欣赏传统文化，鼓励他们在传统基础上进行创新，促进文化的繁荣和发展。通过美育的引导，学生能够更好地传承和弘扬民族文化，使其在当代社会中焕发新的活力。

美育的重要性不仅仅停留在学科内部，更是对学生个体发展和社会进步的重要推动力量。通过美育的引领和培养，未来学生能够成为具有创造力、想象力和包容心的人才，为社会的发展做出更大的贡献。因此，美育应该在人文社会科学学科中得到更多的关注和推广，以促进学生全面发展和社会进步。

6.2.2 美育在自然科学与技术学科中的作用

通过美育，学生不仅可以欣赏科学现象的美学价值，还能深入理解物理学中的对称性、简洁性和和谐性。这些美的体现不仅存在于艺术领域，也贯穿于科学探索的方方面面。艺术与科学在创新中产生千丝万缕的联系，美育的跨学科特性有助于弥合自然科学与技术学科之间的鸿沟，促进学科间的交流与合作。通过鼓励学生参与艺术创作和欣赏，美育能够激发他们的创新思维和问题解决能力。这对于技术学科的创新至关重要。比如，生物科学与艺术设计的结合可以产生生物艺术，工程学与艺术的结合可以推动设计独特性的创新。这种创新潜力为学生未来的职业发展奠定了坚实的基础。此外，美育还可以提升学生的科学表达能力，使他们能够将复杂的科学概念和数据转化为直观、吸引人的视觉作品。这种能力在科学报告、演示和科普教育中显得尤为重要。通过美育的培养，学生可以更好地将自己的科学研究成果呈现给他人，使科学内容更易于被理解和接受。总之，美育在学生的综合发展中扮演着重要角色。它不仅能够让学生欣赏科学的美，还能提升他们的创新能力和表达能力。美育的跨学科特性也有助于促进不同学科领域之间的合作与交流。因此，学校和社会应该重视美育的地位，为学生提供更多的艺术和科学融合的机会，让他们在多样的学科中得到全面的发展。

美育不仅培养学生追求科学技术进步的能力，更重要的是关注科学对社会、环境和人类福祉的影响。美育引导学生探索科学与艺术的结合，通过艺术表达科学理念，或运用科学方法解决艺术创作问题。这种跨学科融合不仅促进了新知识的产生，还能激发创新成果的诞生。美育使学生拥有综合素养，不仅能在科学领域脱颖而出，更能够在人文关怀中展现卓越表现，从而培养出既懂科学又懂人文的综合型人才，为社会发展带来更多的活力和创造力。

美育在自然科学与技术学科中发挥着重要作用，不仅提升了学生审美体验和科学表达能力，更促进了跨学科融合、激发创新思维以及培养科学人文关怀。通过美育的引导，学生能够更全面地理解科学与技术，拓宽视野，注入新的活力和元素。因此，美育在教育中扮演着不可或缺的角色，为学生的综合发展与未来的科学与技术进步提供了重要支持。让美育成为教育中的一部分，将有助于培养学生的综合素养，推动科学与技术的持续发展。

6.2.3 美育在艺术学科中的作用

美育在艺术学科中扮演着至关重要的角色，不仅仅是传授技巧和知识，更是对学生全面发展和人文精神的深刻培养。在艺术学科中，美育不仅让学生感受到人类文化的丰富和多样性，更加深了他们对人文精神的理解和尊重。美育激发了学生的创新思维和创造能力，帮助他们培养解决问题和分析问题的能力。艺术作品中蕴含的时代信息和文化价值，激发了学生对社会现象的思考和对未来的展望。美育不仅仅传递美学知识，更陶冶学生的情操，深刻影响他们的审美素养和创新精神。通过参与艺术作品创作实践，学生在美的熏陶中获得身心的放松和充实，养成对生活积极向上的态度和对美的追求。在人文素养方面，美育在艺术学科中扮演着传播社会主流价值观的重要角色，引导学生正确认识道德、伦理、文化等元素，树立正确的人生观和价值观，塑造他们成为良好的社会公民。此外，艺术与科学、技术、历史等学科的结合，进一步促进了学生的创造力和想象力的发展，激发了他们的科学精神和思维能力。美育通过培养学生的道德修养、品格美等，提升了学生的社会责任感，同时激发了他们的科学精神和科学思维，塑造了他们全面和谐的人格。总之，美育在艺术学科中扮演着不可或缺的角色，对学生的全面发展和人文精神的培养具有深远的影响。通过审美活动和艺术作品，美育不仅培养了学生的创新思维和创造力，更是激发了他们对美的追求和社会责任感。艺术教育不仅关注技能的培养，更注重人格的塑造和精神的提升，帮助学生成为全面和谐发展的人。

美育在艺术学科中扮演着多重角色，不仅有利于弘扬人文精神和塑造美好心灵，更能引领时代精神，传播社会主流价值观。同时，美育有助于推动学科交叉融合，促进学科核心素养的发展。在学生创新能力培养方面，美育也具有重要作用。

6.2.4 美育在学科竞赛中的作用

在新文科背景下，美育对学生全面发展、跨学科思维和创新精神的培养至关重要。美育有助于打破学科竞赛的壁垒，实现跨学科融合。学生通过参与竞赛，挖掘不同学科的美育元素，拓宽视野，激发创新思维。美育与技术的结合也得到了充分体现，运用新媒体技术可以更生动地理解和掌握知识，展现更高的创造力和实践能力。美育在学科竞赛中提供了展示审美能力的平台，学生需要通过美学知识对作品进行赏析和评价，提升审美能力，增强文化自信和素养。美育还有助于传承和弘扬中华优秀传统文化，让学生深入感受中华文化的魅力，并在实践中探索创新，推动文化的传承与发展。因此，我们应该更加重视美育在学科竞赛中的应用和发展，为培养具有创新精神和实践能力的复合型人才做出更大的贡献。

以东北大学为例，实施"校赛-省赛-国赛艺术展演联动计划"，面向全校学生按计划执行艺术展演与竞赛，包括米兰设计周-中国高校设计学科师生优秀作品展、全国大学生艺术展演、全国大学生广告艺术大赛、未来设计师·全国高校数字艺术设计大赛、中国好创意暨全国高校数字艺术设计大赛、两岸新锐设计·华灿奖、中国大学生计算机设计大赛等10余个高水平艺术展赛的校赛，择优上推省赛和国赛，组织推荐优秀教师参加省赛和国赛评审工作，连续五年承办中国大学生计算机大赛沈阳决赛区工作，为高水平艺术特长生成长成才搭建平台。

6.2.5 美育在多学科中的作用总结

美育的终极目标是通过传承与创新，引领文化的发展方向，铸造国家的精神脉络。在当今社会发展的背景下，美育的重要性日益凸显，不仅与个人全面发展息息相关，更是国家文化软实力的核心组成部分。深入实施美育有助于培养具有创新思维和审美能力的综合型人才，应使其贯穿于教育改革的各个方面，以确保其在新时代教育中的影响力和有效性，成为推动社会发展的强大力量，铸就更加美好和谐的未来。

实施美育时应超越学科界限，融合各种学科，构建完善的人才培养系统。具体表现为与自然科学、社会科学等其他学科相融合，形成跨学科的教育方式。学校应该积极推动跨学科美育课程，并将美育内容贯穿整个人才培养过程，使学生在学习数学、物理、历史等学科的同时，也能接受美学教育的熏陶。这样能全面提升学生的素质，使他们更加全面发展。

美育在不同学科中的应用方法和效果有待深入研究验证。目前对美育在各学科中对学生发展的影响缺乏系统性研究和实证分析。未来的研究应重点关注美育在不同学科中的具体实施策略，以及这些策略对学生认知、情感、行为等方面的具体影响，进一步探讨如何更有效地将美育融入各学科教学中，以便更好地了解美育在教育中的作用。

未来的美育研究中，应当深入研究美育在不同学科中的应用方法和效果，建立实用的美育教学模式。同时，加强美育与其他学科的融合，探索新的人才培养途径和方法。加强美育教学效果的评估和研究，为美育的发展和改进提供科学依据，以确保美育能够更好地服务于学生的全面发展和国家的文化建设。

6.3 美育与学科的融合实践

6.3.1 新美育教学改革实践

以"湖南传统民居"案例为例。2020年9月，习近平总书记赋予湖南"三高四新"的重要使命：成为国家重要先进制造业的核心，引领科技创新的潮流，打造内陆地区改革开放的先行者。湖南要在高质量发展上开辟新天地，在新发展格局下展现新作为，在推动中部地区崛起和长江经济带发展中承担新使命。

湖南传统民居课程体系的改革着眼于培养"过程性评价为主"的教育评价模式,实现学生从"知识型人才"向"应用型高素质人才"的转变。课程强调通过激发学生内在动力,培养他们自主学习的能力,并倡导学生培养良好的职业素养。整合院校平台和地方资源,开设创新实践项目和竞赛,制定吸引人的考核制度,努力构建适应新时代发展需求的课程。该课程重点关注建筑领域的新发展和新要求,提出"五位一体""三融合"的教育模式,结合实践平台和专业知识,培养学生解决实际问题和灵活应变的能力。此外,课程体系还提出了构建以培养卓越工匠人才为目标的教育模式,包括"学赛研创"育人模式。通过工程教学、学科竞赛、科研项目和创新项目的结合,加强学生的意识、思维、精神和能力。课程改革就如何打破学科壁垒,实现学科交叉融合,以美启智、以美育人展开研究。这一教育模式旨在培养学生跨学科思维,提高他们综合解决问题的能力,推动他们在美育领域取得更好的发展。湖南传统民居课程体系在改革中注重培养学生的实践能力和创新精神,强调培养学生成为适应新时代需求的社会人才。通过引导学生自主学习、开展创新实践、跨学科融合教育等方式,积极推动教育模式的转变,为培养具有竞争力的高素质人才做出了积极的探索和努力。

通过以"赛"为媒介推动教学模式改革,以"研"为平台凝练人才培养机制,以"创"为目的提升课程教学成果的转化,不断创新教学方法和手段。同时,课程通过信息化手段深入剖析建筑传统技艺工作坊的实践教学方法,强化基础理论研究,为美育改革提供理论支撑。这种前瞻性的教学理念将引领我们走向更广阔的教育领域,为培养具有创新意识和综合素养的人才做出更大的贡献。

6.3.2 音乐美育与课程思政协同育人模式

以广西高校音乐美育与课程思政协同育人案例为例。该案例提出优化路径,认为将音乐美育与课程思政有机结合是实现审美教育与德育双重提升的有效途径。通过这种方式,高校将不断优化教育方式,致力于打造更加综合发展的育人环境,为学生的未来发展提供更好的支持和保障。

音乐美育作为一种以音乐为媒介、以审美为核心的教育实践活动,对增强学生的音乐美感体验、感悟，促进人的全面发展具有重要意义。而课程思政则是通过课堂教学培养学生的思想道德素养和综合素质的一种新型价值引领和体制机制创新。将这两者相结合形成协同育人模式，有助于帮助学生坚定文化自信、实现自我表达、鼓励交流合作，并树立正确的价值观。为了优化学校音乐美育与课程思政协同育人模式，研究者提出了一些措施，如突出育人导向、明确育人目标、提炼思政元素、整合课程内容等。通过这些措施的实施，将能够有效提升学生在审美体验和德育培养方面的水平，培养出一批有理想、有道德、有文化、有纪律的社会主义建设者和接班人。因此，结合音乐美育和课程思政，从根本上促进学生的全面发展，不仅可以提高学生的审美素养和道德素质，更能够培养出热爱音乐、热爱生活、具备正确价值观的新时代青年。这种协同育人的模式不仅仅是教育的一种理念，更是为社会培养出更多积极向上、有担当的未来人才所做的积极探索和尝试。

广西高校在实践中注重了育人导向，他们的目标是通过课程教育来促进学生的全面发展，在艺术学习中激发学生兴趣，提升他们的艺术素养和自主探究能力。高校将思政元素融入课程内容中，强调知行合一，通过多种形式的教学让学生深入理解音乐与思政的融合。高校优化方案的重点在于通过教育方式方法的革新，激发学生的学习热情和创造力，引导他们树立正确的人生观和价值观。这种整体性的教育理念将有助于拓展学生的思维空间，提升其审美素养，培养终身成长的能力，从而更好地适应未来社会发展需求。

6.3.3　生物学科与美育教育的融合构建

美育与生物学科教育息息相关，生物学教学需注重科学思维，尤其是逻辑思维的重要性。课程在引导学生体验科学之美的同时，培养他们理解科学家在实验中运用的方法与原则。通过这样的教学，学生不仅能提升观察、分析、归纳能力，还可以培养对生物学的兴趣和热爱。

南宁一院校在研究中将科学探究分为实验与合作两个模块进行阐述。实验模块强调学生通过设计不同的实验方案来体现创造性思维，灵活发挥想象力。合作模块则通过小组合作激发学生的智慧和团队协作精神。研究认为，生物学中的美育融合不只局限于理论与系统层面，其理论模块强调了对生命现象的科学描述,是客观科学美的体现;系统模块则呈现了和谐统一美,每个理论都构成了密切作用的系统性知识整体。这种美不仅停留在学术领域,更要求学生在了解生物学之后,能够参与社会事务讨论,作出理性解释和判断,并解决实际生产生活问题。研究者还进一步探讨了生物学学科核心素养与美育的关系,强调生命观念、科学思维、科学探究、社会责任这四个维度与美育间的相互作用。这些要素密不可分地联系在一起,展现内在不同形式的美。学生在学习生物学的过程中,不仅获取了知识,更培养了解决实际问题的能力和对社会的责任感。这种美育培养有利于引导学生全面发展成为复合型社会人才,为社会的发展贡献有生力量。

第 7 章　美育与科技

在时代的浪潮中，美育与科技交相辉映。科技的力量重塑着我们的生活，美育则赋予这股力量以温度和灵魂。在这个充满变革与创新的时代，美育与科技的融合是一场深刻的革命。它不仅改变着我们感知美、创造美的方式，更影响着我们对世界、对未来的认知和期待。科学美显示的是在自然环境中的和谐美，以及人在其中发挥着的理性光辉。科学与美之间存在内在的相通性，科学以理性的思维、恰当的方法以及不断的创新为美育引领未来的方向，不断为美育提供技术和表现方式；而美育在一定程度上能够为严肃的科学提供情感温度，激发出科学的创新思维，促进科学向美发展，不断为科学提供灵感以及良好的审美。

7.1 科学为美育提供技术和表现

7.1.1 科学技术的创新拓宽美育的边界

古往今来，无论东方还是西方，美育在人才培养中都占据着举足轻重的地位。虽然其形式受限于时代发展，却早已深深植根于各个时代的教育体系之中。在华夏文明的悠久历史中，孔子的"礼乐文化"，不仅倡导个人的品德修养，更是将艺术审美融入日常教育，通过音乐、舞蹈等各种艺术形式来陶冶情操、促进人际关系的和谐。而周朝的"六艺"教育即礼、乐、射、御、书、数，更是将美育（如乐、书）作为培养人才所必需的技能，与德育、体育、智育等处于同等地位，全面培养人的综合素质。

在古希腊时期，对于雕塑艺术的赏析与学习是当时教育体系中不可或缺的一部分，这也在潜移默化中培养了古希腊人对美的感知与追求。同时，教会学校在中世纪欧洲推广的"三科"（文法、修辞、辩证法）与"四学"（算术、几何、天文、音乐）中，音乐作为美育的重要载体，也证明美育在当时得到了充分的重视与发展。

审美教育在时代的长河中直接受到科学技术的影响,科学技术的发展一次次更新了审美教育的媒介,拓宽了艺术表达的边界,扩大了审美教育的范围,甚至是直接改变了审美教育的方式。在原始社会时期,人类对火的发现及使用促进了从"用物"到"造物"的这一历程。在满足功能性的前提下,人们不断发现器具的附加价值。出土于新石器时期的河姆渡朱漆碗,其表面的陶纹装饰纹样证明了人们审美意识的出现,陶碗的表面从自然纹理过渡到了人工添加纹理。在这种演进中,人们逐渐发现了一种美的规律,当纹理以有序、规整的方式排列时,在视觉上就会带给人一种和谐、舒适的感觉。从此,器皿上的装饰纹样丰富多彩,不同时代的人们以器具为媒介创作出了多样的艺术形式,不仅代表着当时的审美意向,如今依然对审美教育提供灵感和借鉴。

造纸术及印刷术的发展则为美育提供了更广阔的载体,对人类文明进步有着极大的推进作用。造纸术让刻绘字画等摆脱了龟甲、青铜、竹简、帛书的限制,纸张的普及不仅降低了艺术创作的成本,而且促进了人们对美的欣赏与创造。足够廉价能让更多的人参与到艺术创作中来;足够轻便也让艺术品易于携带,能够更广泛地传播和保存。总体来说,造纸术的发明极大地方便了艺术家传达自己的思想,促进艺术的传播,同时也丰富了绘画、书法等艺术的表现技法,并推动其不断发展,提升了审美教育的效果。而印刷术的创造,特别是活字印刷术的推广,更是为艺术表达的方式带来了革命性的变革,如图7.1。印刷术的出现,让艺术作品能够被大量

图7.1 活字印刷版

复制和传播，艺术家不仅能够将自己的作品传播到更广泛的人群中，让更多的人接受美的熏陶，同时也催生了新的艺术形式，如版画、插图、海报。这些艺术形式丰富了人们的视觉体验，也为艺术家们提供了更多的创作空间和表达方式，文艺复兴也在这种条件下发展起来。

19世纪初期，摄影技术的发明将绘画反映现实世界的特权推翻，同时也推动了绘画艺术的变革和创新。摄影技术能够更加精准地反映现实世界，这不禁让当时的艺术家感到一种压力，由此开始探寻真实之外的世界，去追求摄影技术无法复制的部分。印象派也由此诞生，在当时的审美意识中也更多地强调个人情感的表达以及对客观世界的主观认识。而电视的出现，更是为大众欣赏美提供了一个窗口。审美教育不再是精英阶层的特权，无论是自然风光、名胜古迹，抑或是稀世名曲、传世佳作都能被生动地呈现，极大地促进了审美教育的发展。

当前数智时代下，科学技术的迅速发展让艺术的自由性变得更加广阔，艺术家可以用更加创新多元的方式表达自己的想法和感受。审美教育与欣赏者、学习者不再存在巨大的时空距离，进一步提升了审美教育的效果。成为现象级应用的AIGC（生成式人工智能）技术标志着艺术领域面临着新的革命性变革，它不仅为艺术家们提供了新的创作工具和灵感来源，同时也让艺术不再束之高阁，任何人通过AI技术都可以表达自己的艺术想法，这无疑是艺术表达边界的又一次拓宽。如今经常用于博物馆的虚拟现实技术让人们以全新的方式体验艺术作品，突破了现实世界的物理限制，强烈的沉浸式体验和互动性带给人们更加真实的关于美的感受。以数字模型为基础能快速制造出模型、雕塑等艺术品的3D打印技术，不仅可以让艺术家做出更加复杂精细的艺术作品，且制作成本也较为低廉。现如今这些都已运用于审美教育中，成为美育中学生欣赏美、感受美、创造美的新媒介。如图7.2。

科学技术的不断创新让媒介更新迭代，美育以不同的形式存在于各个时代中，媒介的更新让大众接受审美教育更加便捷，内容更加丰富多彩，渠道也更加多元化，不断为美育提供新的教学手段和体验方式。这为提升全民艺术素养和审美水平奠定了坚实的基础，不断拓宽审美教育的边界。

第 7 章　美育与科技

图 7.2　周肖舒《逃出大英博物馆》

7.1.2　科学技术为美育增添了新的活力与表现力

　　科学技术让美育得以用更加多元、生动和深入的方式呈现出来，这在一定程度上增强了学习者的审美体验，不仅让艺术作品获得更好的视觉效果，同时为审美教育提供了一种系统化和逻辑化的思维方式，让学生更好地理解审美教育，拓展审美视野，提升审美素养。

　　最早源于古希腊时期数学概念中的黄金分割比例就经常被用于艺术设计中，而艺术设计是美育的一种形式。在自然界中，植物的叶序、果实的排列等和谐比例之美都包含着黄金分割数列。在文艺复兴时期，达·芬奇的多幅作品中都运用了黄金分割比例，如世界名画《蒙娜丽莎》（图 7.3），

图 7.3 达·芬奇《蒙娜丽莎》

无论是整幅画的构图,还是人物的脸部、五官和身体各个部分的细节中,都有黄金矩形的参与,画面和谐完美,也是视觉美和数字美完美结合的典范。今天,黄金分割比例仍然在艺术领域受到推崇,畅销饮料品牌可口可乐的整体瓶身及其凹凸结构与黄金比例线几乎重合,现代的标志设计中也多运用黄金分割法让标志更加规范等。黄金分割比例让艺术设计的表现更加精确严谨,也为学生欣赏美、创作美提供了科学的方法。

在美育中,学生运用科学的方法能够避免因自己的主观臆断和以往的经验而造成失误,这让学生在创作过程中更加自信地表达思想。对于欣赏者来说,科学也让艺术作品拥有更强的可信度。现阶段的 AIGC 技术运用强大的资料库和数据分析能力,不仅能让使用者迅速生成作品,也能够有效识别各种信息。在大数据分析下,创作者的风格和方向,受众者的需求和偏好都可以以数据的方式呈现出来。海量的资源以及庞大的受众群体在点击、浏览、搜索中形成可视化的数据资源,让人们在科学方法的指导下更加直观、更加客观地进行艺术表达。这种技术被运用于美育中,也为美育带来了新的表现形式,提升了美育效果。被广泛适用于色彩保护和修复方面的拉曼光谱和红外光谱技术,能够在不损害艺术作品及遗产的同时,进行颜料的成分鉴定、色彩分析,甚至能够通过颜料的特点分析出年代。使用这项技术在修复古建筑时就不会因为对原始颜料的不了解而造成二次伤害。科学的方法再次让历经岁月洗礼的艺术遗产重现当时的灿烂,为如今的学生所欣赏、学习、修复昔日之美创造了科学条件。

科学理论为美育不断带来新的活力和创造力,通过对科学理论的学习,学生的视野更加广阔,对于艺术也有更加深入的理解,在自己进行艺术创作时也能迅速打开思路。同时,在美育中加入科学理论也符合当今时代所推崇的学科交叉思想,让艺术作品更加丰富与独特。科学理论是对自然现象、物质结构等现象进行系统性、逻辑性描述和解释,学生理解了这些理论，对自然界和社会现象的本质更加熟悉，自然更容易创作出真实、生动、富有内涵的艺术作品。

光学原理本是属于物理学中的一个分支，光的存在让我们见到世界的丰富多彩。牛顿的分光实验也证实色彩来源于光。光学原理的发现直接作用于美育中，绘画中的印象派以及当今美术学习中的色彩构成都依托于光学原理。在艺术美中，色彩的作用举足轻重，它是视觉要素中最为敏感的元素，也是在艺术教育中学生学习的基础。学习素描时，光源位置直接影响物体的明暗面关系，光的传播规律也会直接影响画面的质感，如光的折射形成了物体的反光与环境色、光的透视表现等。学习色彩时，色彩的明度、亮度和灰度在图像处理和颜色调整中非常重要，同时色相的选择也会影响画面的和谐度。所以对于光学原理的掌握在美术中至关重要，在审美教育中发挥了很大的作用。

在艺术领域，心理学的应用也让艺术更容易被理解，并带给人更加美好的体验。格式塔心理学是西方现代心理学的主要流派之一，也称为完形心理学，它认为在人的知觉中总会追求事物的整体性。当事物出现缺陷时，人们会运用自身想象弥补形成良好的"完形"。平面设计中的图底关系就是利用这一心理进行设计的。此外，在品牌设计中的消费心理学可以更好地把握消费者的需求，而欣赏作品的情绪理论和认知心理学也帮助学生理解观众对艺术品的情感反映等。这些科学理论的学习为学生提供了多维度的视角来理解和欣赏美育，使学生可以更加深入地理解艺术的本质和价值，提高他们的审美鉴赏能力和艺术素养，成为具有独立思考能力和批判性思维的人才。

7.2 美育为科学提供审美与灵感

7.2.1 审美教育激发科学的创新思维

科学的创新思维要求个体具备开放性、灵活性、批判性的头脑和创造性的思维特质，保持对美好事物的不懈追求，通过潜移默化的审美教育提升人们认识美、理解美、欣赏美、创作美的能力和保持科学的思维特质有着密切的联系。

学生如果失去了对美的追求就会对未知世界失去兴趣，从而变得麻木，更不会创造出美的科学意象。而人区别于机器，正是因为拥有情感体验与不竭的创造力。人们对于美的欣赏一定程度上能够激发科学创造的灵感，正如音乐在科学中的作用那样。18世纪，意大利数学家拉格朗日在圣保罗教堂聆听圣乐时，积分极值的变分法应运而生；音乐理论中泛音振动的频率和基音振动的整倍数让德国物理学家海森堡迸发灵感，做出原子跃迁的基频与次频的实验；大科学家爱因斯坦一生中与音乐的缘分更是难分难解，爱因斯坦喜欢巴赫、海顿、莫扎特等大师的音乐作品，就连出席社会活动都会带着他的小提琴，音乐成为他灵感的启迪器，他说"在科学思维中，永远存在着音乐的元素，真正的科学和真正的音乐要求同样的思维过程"，更直言他在科学上的成就很多都是由音乐启发的。

在化学研究中，富勒烯（Fullerene）结构的大胆猜想开始于1985年，英国化学家哈罗德·沃特尔·克罗托（Harold W. Kroto）和美国科学家理查德·斯莫利（Richard E. Smalley）等人从加拿大蒙特利尔万国博览会美国馆的结构中获得灵感，用硬纸板成功地拼出C_{60}的立体模型，由于灵感来自美国建筑师巴克明斯特·富勒（Richard Buckminster Fuller）的建筑设计，为了表达敬意，这种C_{60}结构也被命名为"巴克明斯特·富勒烯"（Buckminster Fullerene），简称为富勒烯。富勒烯的结构非常独特，整体是一个中空的笼形结构，这个结构由60个顶角、12个五边形和20个六边形拼接而成，整体看上去像现代的拼皮花样足球，所以富勒烯也被称为"足球烯"。而后通过对富勒烯不断地研究创新，逐渐发现了碳纳米管以及石墨烯等，碳材料的创新思维就是在建筑设计的启迪下不断发展，一往无前，成为科技和工业中的新材料之王。

艺术对于科学思维的启迪作用不容忽视，推动创新思维的核心动力正是在艺术思维中发挥主导作用的想象力，科学领域的创新如同后现代艺术摆脱固有的观念、寻找新颖视角的方式一般，都是对传统规范的大胆挑战，去勇敢开拓新的道路。科技与艺术的共同生命力都在于不断的创新，在科学研究中融入审美教育有助于学生创新思维的启发，在这个过程中学生不仅开拓了视野，不容易造成思维定式，同时在艺术欣赏与实践过程中培养了他们的创造精神和独立思考能力。艺术与科学在创新思维的道路上相辅相成、互为启发，才能走得更为长久。

7.2.2　审美教育培养科学的审美意识及人文情怀

对于科学家而言，科学之美如同一个无尽的宝藏，等待他们去探索、去挖掘，而在我们一般人眼中科学的美是如此抽象。在大众印象里，科学常常较为严肃，冷峻生硬，不易理解。在科学创造中，普遍存在科学美难以传递的现象。审美教育的加入不仅可以培养人们对于科学的审美意识，也在一定程度上提升科学的人文价值，让科学不再这么晦涩难懂，严肃中不乏生动，抽象中也有形象。

在审美意识的培养上，美育在科学创造中扮演着至关重要的角色。它引导学生用发现美的眼光去审视世界，发现那些隐藏在平凡事物背后的美。在科学史上，具有高度审美能力的科学家创造出的科学意象常常让人们感受到视觉与思维的双重享受，他们以严谨的态度追求完美的科学意象直到极致。古希腊数学家毕达哥拉斯将"无限循环"的数学原理，用形象生动的绘制手法形成了"毕达哥拉斯树"，由于是对勾股定理的证明，也被称为"勾股树"，这就是数学与艺术完美融合的科学意象，具有很高的审美价值；意大利有着"现代科学之父"之称的伽利略·伽利莱，用自制的望远镜望向了月球，世界第一幅月面素描图也由此诞生，这个发现打破了一直以来认为月亮洁白无瑕的固有观念。而早在伽利略之前，数学家托马斯·哈略特也曾绘制过月亮，但由于不理解月球上环形山所形成的阴影，让他没有真正看穿月球的真实面貌，错失了"第一"的位置，审美教育的重要性不言而喻。

受到无数科学家高度赞赏的荷兰画家埃舍尔，将数学与物理学中的分形、莫比乌斯环、多维空间、拓扑学、悖论等艰涩的理论和概念，通过自身的高度审美，创作出许多具有科学原理的独特艺术作品。如运用多维空间原理创作的《矛盾空间》，运用图形悖论形成的作品《骑士》等。《骑士》中图底骑士的反向嵌套如同物理学中基本粒子在不同能量环境中的"对称"与"对称破缺"现象（图7.4）。基于这一层面，杨振宁在《基本粒子发现简史》中也运用了《骑士》作为书籍封面。科学中对于审美意识的追求在将抽象的科学原理转化形成生动形象的艺术画面，而从抽象到形象之间的桥梁即是对审美教育的重视。同时，审美教育也是在科学中加入人文价值的重要途径。科学教育往往更偏重理性和逻辑，而美育则注重情感的表达和体验，在科学中融入审美教育，有助于培养人们在理性思考的同时，也拥有对世界的感性认识和情感体验。感性与理性的结合，也让科学不再"拒人于千里之外"，变得更加人性化，更加符合人类全面发展的需求。

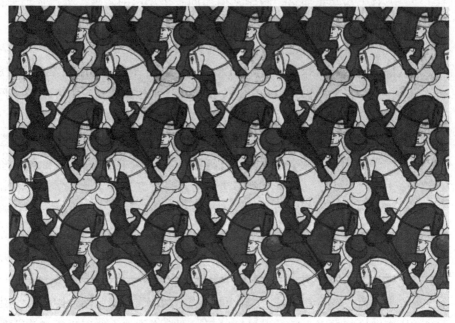

图7.4　埃舍尔《骑士》

杨丽萍所创作的大型舞剧《云南映象》，将传统的民族文化的艺术之美，和现代的科学技术紧密结合，形成了一种独特的舞蹈艺术。科学与民族舞蹈的结合不仅让科学不再这么"冷冰冰"，也让科学成为民族文化的载体。在不同风格的建筑中，科学原理与建筑之美共同形成独特的民族特色。在古希腊，帕特农神庙的34根圆柱运用力学原理与对称的艺术之美确保了基座的稳固；在中国，江南水乡运用水利的科学原理与造园的审美艺术形成了婉约精致的地域风景。这些通过艺术传达的科学意象让人们尊重传统文化，珍视文化遗产，在艺术的欣赏中感受历史的厚重和文化的独特，感受科学与审美一起带来的人文情怀。

总之，审美教育在培养学生科学领域的审美意识和人文情怀方面发挥着不可替代的作用，美育与科技的紧密联系让科技不再是冰冷严肃的代名词，也让美育有理可循，变得更加科学，两者的融合发展在未来也将继续为培养全面发展的人才贡献力量。

7.3 美育与前沿技术

前沿技术是指那些引领科技发展潮流、具有预见性和开创性的技术，它们通常位于科技进步的最前沿，而且有潜力去影响未来的经济格局、社会结构和人们的日常生活。这些技术不仅代表了当前科技领域的最高成就，而且也预示着未来科技发展的方向。同时前沿技术与时间密切相关，所处时代不同，前沿技术也有所不同。面向 21 世纪，前沿技术在美育中的应用焕发出新形态，前沿技术为美育提供了新的途径、手段和可能性，对美育产生了深远的影响，美育与前沿技术的关系日益紧密。

7.3.1 塑造美育未来的前沿技术

（1）生成式人工智能

生成式人工智能（Artificial Intelligence Generated Content，AIGC）是 2023 年开始大规模兴起的内容生成技术，其定义是"通过人工智能算法对数据或媒体进行生产、操控和修改的统称"。艾伦·图灵的"图灵测试"开启了研究机器模仿人类认知生成所需要的内容，从而进行人机交互的历史进程。经过不断发展完善，让 AIGC 真正进入大众视野的是 OpenAI 开发的聊天机器人——ChatGPT，它通过理解语言指令，生成适用于各种场景下的文本，因其智能以及功能的多样让它在仅推出两个月就迅速火爆，成为现象级应用。当前，人工智能已经发展到涵盖写作、编曲、绘画创作、视频制作等多个艺术与创新领域，一场 AI 时代下的艺术设计领域变革正在发生。

（2）虚拟现实与增强现实

虚拟现实（Virtual Reality，VR）和增强现实（Augmented Reality，AR）是两种具有创新性和颠覆性的前沿技术，它们为用户带来了全新的交互体验和信息呈现方式。虚拟现实是一种通过计算机技术创建的完全沉浸式的模拟环境。用户佩戴特殊的头戴式显示器等设备，完全沉浸在由计算机生成的虚拟世界中。在这个虚拟世界里，用户的视觉、听觉甚至触觉等感官被全方位模拟，仿佛置身于一个真实但又完全虚拟的场景之中。增强现实则是在现实世界的基础上，通过智能设备（如手机、平板电脑）的摄像头和传感器，将虚拟的数字信息叠加在真实环境中。虚拟现实为美育带来了全新的沉浸式体验。通过创建逼真的虚拟艺术环境，学生可以仿佛置身于历史上的艺术殿堂、著名艺术家的工作室或者各种奇幻的艺术想象空间。增强现实则将虚拟的艺术元素与现实世界相融合，二者在美育中被广泛讨论和应用。

（3）3D 打印技术

3D 打印技术又称为增材制造技术，是一种基于数字模型文件，运用粉末状金属或塑料等可粘合材料，通过逐层打印的方式来构造物体的快速成型技术。3D 打印技术是 2015 年后在国内大环境支持下的科技创新浪潮，作为一种革命性的制造技术，它是以数字模型文件为指导，然后利用可粘合的高强度材料如粉末状金属、陶瓷和塑料等，通过逐层叠加的方式构建出实体的打印方式。这种技术显著降低了制造成本，也极大地缩短了生产周期，相比于其他制造方式，展现出了其无可比拟的优势，应用前景广泛。专家们预测，3D 打印技术将会彻底改变全球传统制造产业的格局，成为推动"第三次工业革命"向前发展的重要力量，堪称这一时代最具标志性的生产工具。3D 打印能够激发学生的兴趣和参与度，促进学生艺术创作和艺术体验。学生可以亲自动手设计并打印出自己的艺术作品，从平面的绘画思维转向立体的空间构思，培养他们的三维造型能力和空间想象力。

（4）智慧课堂

智慧课堂是一种利用先进的信息技术和智能化手段打造的新型课堂教学模式。它充分融合了物联网、大数据、云计算、人工智能等前沿技术，以实现更加高效、个性化和互动性强的教学体验。在智慧课堂中，教学资源得以数字化和智能化整合，教师可以轻松获取丰富多样的教学资料，并根据学生的实际情况进行精准推送。借助智能设备实现师生之间的实时互动与交流。学生可以随时向教师提问，教师也能即时了解学生的学习状态和理解程度，及时调整教学策略。智慧课堂还具备强大的数据分析功能，能够对学生的学习行为、成绩等数据进行收集和分析，为教师提供精准的教学诊断，帮助教师更好地了解每个学生的优势与不足，从而实施个性化教学，满足不同学生的学习需求。智慧课堂为美育带来了全新的机遇和丰富的可能性，使美育的实施更加高效、个性化和富有吸引力。丰富的数字资源为美育提供了海量的素材。无论是经典的艺术作品、最新的艺术动态，还是多样化的艺术创作手法展示，都能通过智能设备随时获取。同时，借助智能化的教学工具和软件，教师可以更加生动形象地展示美育知识。另外，智慧课堂的数据分析功能可以帮助教师精准了解每个学生的学习情况和审美偏好，从而调整教学策略，提供更有针对性的美育指导。

7.3.2　前沿技术对美育的影响

（1）前沿技术为美育带来了新的可能性

21世纪，前沿技术打破了传统美育的多方限制，审美教育突破了时空和人群，以更加生动、直观、互动的形式呈现出来，为美育内容的创新提供了无限可能。在美育中，3D打印技术可用于制作立体模型。通过3D打印技术，学生可以将自己的设计创意迅速转化为实际的三维模型，这种快速的反馈机制，让学生在同样的时间内可以反复试验和验证，快速、精确地实现学生的构想。利用3D打印技术，学生也能更好地理解设计原理和创作模型的结构关系，依此根据自己的需求进行个性化设计，并且在实践中不断探索和创新，不断调整和优化设计参数，最终得到满意的产品原型。在这个过程中不仅培养了学生不断解决实际问题的能力，也让学生对美拥有自己的独特见解和追求。在滇西北高校审美教育中，就通过3D打印技术将少数民族的非物质文化遗产融入现代美育教学体系中。学生们有了接触、学习和传承非遗技艺的机会，而拥有快速成型、立体化特点的3D打印技术也会激发学生学习的兴趣，更加直观、生动地深化学生对美的学习及感受，在推动传统文化艺术传承与发展的同时，让美育在高校中发挥更好的效果。

在视频生成、自动化动画和三维场景渲染这些方面，人工智能技术的应用为审美教育带来更大的便利。它不仅能将历史、文化、艺术等知识点以故事化的方式展现，同时也降低了人工成本且效果逼真。短视频时代的当今，Deep Video等视频平台利用深度学习技术，从文本和图像中自动生成视频，成为短视频创作的强大工具；在美育中，前沿技术让动画制作更加方便，Adobe推出的Character Animator软件能够捕捉人的动作，并将其转化为生动的卡通动画，甚至精确到表情和手势，这大大节省了动画创作的时间，也让制作出的动画更加精确；生成式人工智能在美育中不仅扩大了审美教育的群体，对于传统文化的传承与创新也发挥着一定作用。非遗中的蜀绣是一种在制作过程中需要耗费大量时间以及精力的传统手工技艺,而 AIGC 通过专题训练,在短时间内就可以生成虚拟人物,辅助制作者进行图案的设计排版,甚至在设计好图案的精确路径后自动化形成刺绣。在设计蜀绣图样时,拥有海量数据的人工智能绘画软件,不仅能激发传承人的灵感创意,也为蜀绣的创新性发展带来了更多的可能性。

此外,由虚拟现实(VR)和增强现实(AR)为主要手段构建的虚拟仿真实验室,为学生打造了一个既安全又便捷的实验环境,这一举措不仅可以显著提升美育实验教学的效率,也在一定程度上激发学生的学习兴趣。借助 VR 技术,学生们可以沉浸于一个虚拟的空间中,欣赏来自不同国家、不同年代的各类艺术品和历史文物,仿佛进行了一场"穿越",在时间与空间中遨游,去深入探索作品独特的细节以及背后的故事,这种体验无疑让学生们对艺术和历史有更深刻的理解和感受。而 AR 技术则为学生们提供了在现实场景中与艺术作品互动的机会,在各个博物馆中,展品前通常存在一个二维码,通过扫描就能立刻获得该作品的详细信息、历史背景等,在展馆中也会有真实感体验的互动。当你身处于沈阳博物馆展馆中,你会看到 7200 年前新乐人的日常狩猎生活;"大十面"石碑上模糊不清的碑文缓缓再现于你的眼前;利用狭小空间打造的"历史之门"通过实物和光影的结合,让你融入当时的历史情景之中。这些技术都让参观体验变得更加丰富有趣。

(2)前沿技术改进美育的教学方式

前沿技术让审美教育拥有了更加广泛的拓展空间。美育提供了丰富的资源和便利的工具,在进行美育时,教师拥有了更多的选择权,能够不断探索新的教学模式,同时也可以更准确地评估学生的学习和进步效果,更加具体地为学生提供发展建议,让美育变得更加科学、客观和高效。人工智能生成内容通过强大的数据运算能力,能深度解析图像中不同元素和概念之间的内在关联,学生利用这项技术提升图像的创作与分析能力,借助人工智能内容,学生拥有了更多了解多元艺术风格的机会,学生的想象力和创造力也被更好激发出来。如人工智能绘画 Midjourney 在高校美育中得到认可,学生可以在艺术创作中用 Midjourney 等人工智能绘画软件进行灵感启发、效果展示等辅助设计,也可以全程采用人工智能绘画,在设计比赛中采用 AI 技术已经形成了专门赛道,有助于学生更熟练地应用 AI 技术,更好地适应社会需求;通过大数据的运算与分析,不仅能够收集分析学生的学习行为、兴趣偏好、能力水平等数据,为学生定制个性化的美育方案，同时，也能够客观全面地进行学业评估，更加个性化、智能化的美育教学方式为学生的学习与发展带来了更多可能。

前沿技术让美育课堂教学方式不再局限于线下实物教学，虚拟仿真实验室的搭建改变了传统的教学方式，在这里，学生们不再需要提前准备大量的工具和设备，就可以进行各种美育实验，如音乐创作、绘画、雕塑等，以及非遗技术的学习，如剪纸、扎染、泥塑等，体验传统文化的魅力。通过仿真实验、虚拟影像技术等，不仅丰富了教学资源，也让学生拥有了更多的实践机会，促进学生对各种美育知识和技能的理解和掌握。

浙江瑞安教师发展中心开发的"慧美育"云平台，通过信息化手段优化辅助教学、学业评价、课后服务以及美育资源的共享，将美育进行数字化转型。这一云平台的开发不仅直接指向美育向高品质进发的发展目标，同时也在一定程度上解决了传统教育中的教、学、评三者脱节的问题。在"慧美育"云平台中，学生得到适用于自己更加个性化的学习建议，以学生感兴趣的方式不断激发学生的自我成长动力，提高美育的教学质量，进而带动美育的高质量发展。"慧美育"云平台真正实现了美育资源的共享，不论是乡村或是城市，都可以获得美育课程的数字资源，在学习中也为学生们建立了学业评价的专属数字化档案，建立美育的智能评价体系。这样的方式让城乡美育之间的差距缩小，达到均衡发展的效果，更为美育教研开创了新局面。在数字化时代中，美育信息化至关重要，美育信息化让教育资源脱离物理世界的限制，能够共享和普及。通过数字化平台的共享，世界各地的优秀美育资源可以被迅速传播和分享给大众，更多的人有机会接触到高质量的美育内容。所以说，前沿技术不断革新审美教育的方式，审美教育在这种方式改进下也获得了更大的发展。

在当今社会，美育与科技正呈现出一种相辅相成的和谐关系。美育作为培养人们审美意识、艺术鉴赏与创造的重要手段，在科技发展所带来的不同形式下，不断进步与革新；而科技也在美育的熏陶下，焕发出新的灵感与美。正如李政道所说"科学和艺术是一个硬币的两个面，是不可分割的一体"，而艺术则是美育的重要组成部分，人类对美的追求与表达，对科学的真知与灼见，让美育与科技汇合交融，永远能创造新的可能！

第 8 章　美育与思政

美育春风化雨，润泽心灵，培养人们对美的感知、欣赏和创造能力；思政价值引领，塑造人们的世界观、人生观和价值观。美育以其独特的魅力，使思政教育更具感染力和吸引力，让崇高的理念和价值在美的熏陶中深入人心；而思政则为美育赋予了更深厚的内涵和更崇高的使命，使其超越表面的形式，直达灵魂的深处。

8.1　美育课程与课程美育

近些年来，我国对于各个领域高素质人才的需求变得日趋多元化，各大高等学府对人才培育的途径亦紧随时代发展步伐，进行全面改革与深度优化。面对这一重大挑战，众多教育学者深谙其中之道，踊跃探讨美育在高等院校人才培育过程中所发挥的独特价值及其蕴含的深远革命性意义。事实上，美育并非仅限于传统的单一艺术技能的培育与提升，而是更进一步地为广大在校学生提供了一种勇于尝试新的思维模式、以理性视野探究问题以及丰富审美观念的良机。

8.1.1　理论概念辨析

美育课程是一门旨在培养和提升学生审美能力、艺术素养以及对美的感知、欣赏和创造能力的课程。美育课程作为教育体系中不可或缺的一环，旨在全方位塑造学生的审美观念与艺术修养。它不仅涵盖了传统的音乐、美术等核心艺术门类，还广泛融入舞蹈、戏剧、影视鉴赏等新兴艺术形式，构建了一个多元而丰富的美育体系。这些课程不仅传授艺术技巧与理论知识，更深刻挖掘艺术背后的文化内涵与情感价值，引导学生在美的海洋中遨游，体验艺术带来的心灵震撼与情感共鸣。美育课程的设计强调理论与实践并重，通过精心策划的创作实践、现场表演、作品赏析等环节,激发学生的创造力与想象力,使他们在动手制作、舞台展现、静心品味的过程中,逐步构建起独特的审美视角与评判标准。同时,美育课程也注重跨学科融合,鼓励学生将艺术思维融入其他学科学习,促进综合素质的全面提升。美育课程在学校课程体系中通常作为独立科目存在,与其他学科相对独立。

课程美育指的是将美育的理念、元素和方法融入各类学科课程的教学之中,使学生在学习具体学科知识的过程中,同时受到美的熏陶和教育。课程美育这一创新理念,标志着教育领域内对审美教育理解的转变。它超越了传统意义上仅局限于音乐、美术等专门艺术课程的范畴,而是将美育的触角延伸至学校课程体系的每一个角落,赋予每一门学科独特的美育使命。在这一框架下,数学中的几何之美、语文中的文学意境、科学探索中的自然奇观,乃至历史长河中的人文光辉,都被视为美育的宝贵资源。课程美育倡导的是一种全面而深入的美育渗透,它要求教育者具备敏锐的审美洞察力,善于挖掘并呈现各学科中的美育元素,使学生在掌握学科知识的同时,也能在心灵深处播种下美的种子。课程美育的提出与实施,无疑是对传统美育教育的一次重要拓展与升华,为培养具有高尚审美情趣和良好人文素养的新时代人才开辟了新路径。

8.1.2 美育课程和课程美育的区别和联系

(1) 美育课程和课程美育的区别

定义与范围上,美育课程通常指音乐、美术等专门设置的,以培养学生审美素质为主要宗旨的课程。它具有较强的专业性和独立性,是学校课程体系中专门的艺术类课程。课程美育强调学校课程体系中的每门课程都具有美育的功能,并且各自具有独特的特点。它不仅包括专门的美育课程,还注重在其他非艺术类的课程中融入美育元素。

关注点方面,美育课程更侧重艺术技能的学习和创作实践,如音乐、美术等艺术形式的深入学习和探索。课程美育更侧重在各类课程中渗透美育理念,培养学生的审美能力和审美素养,注重美育与其他学科知识的融合。

从实施方式来讲,美育课程通常采取专业的教学方法和手段,如艺术技巧的训练、艺术作品的创作和赏析等。课程美育则需要在各门课程中灵活融入美育元素，通过学科知识的讲解、案例分析、实践活动等方式实现美育的渗透。

（2）美育课程和课程美育的联系

美育课程和课程美育都以培养学生的审美能力和审美素养为目标，致力于提高学生的综合素质和人文素养。两者都提供了专业的美育资源和支持，而课程美育则扩大了美育的覆盖面和影响力，使美育教育更加全面和深入。此外，美育课程的发展可以推动课程美育的深入实施，而课程美育的推广又可以为美育课程提供更多的实践机会和平台。两者相互促进，共同推动学校美育教育的进步和发展。美育课程和课程美育在教育中各有侧重，但又相互补充、相互促进。它们共同构成了学校美育教育的完整体系，为学生的全面发展和综合素质的提升提供了有力的支持。

总的来说，美育课程和课程美育在教育中扮演着不同的角色，但共同致力于学生的全面发展。美育课程通过专业技能培养和审美素养提升，为学生的艺术素养和人文素养奠定坚实基础；而课程美育则通过美育理念的普及和跨学科的美育整合，将美育渗透到学生学习的方方面面，进一步提升学生的综合能力和素养。两者相辅相成，共同构成了学校美育教育的完整体系。

8.1.3　高校相关实践佐证与分析

作为一种本质上的感官教育，美育的主要内涵在于引发人们对于美好事物的情感认知以及由此带来的心灵共鸣，最终导向对个体行为层面的矫正与完善。正如我国学者王国维《论教育之宗旨》一文中指出的"美育即情育"，二者具有高度的一致性，美育"使人之感情发达以达完美之域"。此外，美育实践还能够引导广大受教育者更深入、更广泛地探索美的实质及其应当呈现出的独特价值。对于艺术实践活动而言，其核心并不是构筑符合现实客观存在的客体，而更倾向于塑造一种非现实性的精神领域。在这个过程中，观者感受到的并非物体本身所固有的形态、颜色、材质、大小等基本概念，而是通过这些具象元素，试图去触碰、感受艺术家创作时所流露出的心灵世界，进而引发观者内心深处的情感共鸣和思想共识。在这样的情境下，观者似乎能够与艺术家深入地交流，借助艺术这一媒介进行深刻的心灵沟通以及思想碰撞。因此可以说，艺术作品浑身上下都充满了生命力，丰富多彩且鲜活具体，洋溢着富有感染力的真实温度。可以说，美育充实了人的丰厚性。

北京电影学院院长扈强表示，如今之所以要强调美育教育，是因为有时人们生活中对美的渴望和对美的要求已经走向了"美丑不分"。美育的核心使命在于纠正这一思想偏差，通过教育手段重新构建人们对美的理解与需求，并在此过程中强化文化自信，深入挖掘并传承中华优秀传统文化的美学精髓。美育不应仅仅局限于艺术课程的开设，而应是一种全方位、多维度的教育体验，鼓励学生广泛接触美、深入思考与感受美，促进其审美能力的全面提升。此外，社会各界对美的正面宣传同样不可或缺，在社会层面构建共识性的美学标准，激发并恢复公众对美好事物的向往与追求。

在对美的本质进行深入思考与欣赏之外，美育也显示出其独特而显著的实践应用价值。立德树人是新时代教育领域的核心目标之一，亦成为思想政治教育的重要领域之一，其主旨在于培育兼具品德与学识、全面发展的杰出人才，使高校学子在拥有高尚的道德品质、丰富的学术涵养的同时，还能锻炼出卓越的实践应用能力，从而为祖国和社会的繁荣进步做出建设性的贡献。持续把美育深度融合于我国高校人才培养体系的构建中，既是顺应我们始终秉持的"立德树人"这样至关重要的教育使命，又是对服务于社会及全面挖掘个人潜力的责任和担当的进一步强调和深化。

为深入学习贯彻党的二十大精神，全面落实习近平总书记给中央美术学院老教授重要回信精神，推动高校美育工作，中央美术学院举办了"全国高校美育优秀案例交流展示"活动。中华民族丰富而悠久的传统文化是高校美育的重要资源，不少高校都开设与完善了融合中华优秀传统文化的美育创新课程。作为国家级非物质文化遗产项目传承基地，山东管理学院入选项目"以黄河艺术非遗之精，感黄河艺术生态之美——艺术功能融入艺术学概论课程"将黄河流域非遗文化融入课堂，把非遗传承项目杨家埠手绘年画、掐丝珐琅、木雕技艺等非遗艺术形态融入"艺术学概论"课程中，使学生了解与学习以黄河流域非物质文化遗产为代表的中华优秀传统文化艺术形态背后的故事与内涵，突出了学校的办学定位和学院非遗传承与创新的品牌特色。

由此可见，美学教育在高等教育体系中具有不可估量的潜在价值。美育具有深远而丰富的文化内涵与意义，通过致力于全面贯彻"立德树人"的教育理念，对大学生进行积极正面的引领和推动，使他们能够深入挖掘自己在人生观以及价值观方面的潜能。我们始终坚信，大学生将在美学教育中取得更为全面且实质性的进步。这些收获未来将成为推进我国经济、文化以及科技发展的重要支撑力。

8.2 思政课程与课程思政

当前我国正处于"两个一百年"奋斗目标的历史交汇期，也是世界进入大发展大变局的新时期。在新时期里，党和国家对教育提出了新的要求、新的目标与新的举措。习近平总书记指出，"坚持党的全面领导，是教育事业发展的定海神针"，要坚持立德树人。如何培养德智体美劳全面发展的社会主义建设者和接班人是当下教育所要思考与落实的根本问题。

8.2.1 理论概念辨析

思政课程，全称"思想政治理论课程"，其核心宗旨在于通过系统化的思想深度挖掘与政治理论传授，引导学生构建积极向上的世界观框架，塑造健康向上的人生观导向，并确立稳固而正确的价值观体系。思政课程的主要目标包括，培养爱国主义情感和民族精神，通过教育使学生全面了解中国历史、文化、政治和社会发展等方面的知识，增强民族自豪感和归属感，激发对祖国的热爱和使命感。思政课程塑造社会公德和道德观念，着重培养学生的社会责任意识、集体主义精神和道德观念，引导学生自觉维护社会公共利益、尊重他人权益、遵守社会道德规范。倡导法治意识和法律观念，学习国家宪法、法律法规和社会公共秩序等基础知识，确保在法治社会中正确行事。在高等教育的广阔舞台上，思政课程占据着举足轻重的地位，扮演着至关重要的角色。它不仅是锻造社会主义建设者与接班人的核心环节，更是一条行之有效的路径，用于增强学生的综合素养与综合能力，为他们的全面发展奠定坚实的基础。

课程思政作为一种综合性教育理念，其核心精髓在于构建一个全方位、贯穿始终、覆盖所有课程的育人系统。无论是专业课程还是其他非思政类学科，都应与思想政治理论教育相辅相成，携手并进，共同发挥育人功能，以立德树人为教育工作的核心宗旨。课程思政的实践策略，在于将思想政治教育中的精髓元素——如深厚的理论知识、正向的价值观念以及崇高的精神追求等，以一种细腻且深刻的方式，巧妙地渗透到每一门学科的教学实践中。这一过程犹如春风化雨，潜移默化地影响着学生的思想观念构建、道德品质塑造以及行为模式养成，从而深远地促进了学生在知识、品德与行为等多方面的全面发展。课程思政的内容包括多个方面，如教育学生遵守国家法律法规和社会公德，培养法治意识和道德观念。教育学生理解和掌握思想政治理论知识，加深对中国特色社会主义事业和中国梦的认识。学生参与社会实践活动，增强社会责任感，关注社会问题并主动参与社会建设。课程思政作为高校思想政治教育的一种形式，对大学生的全面发展具有重要意义。通过课程思政的教育，学生将更好地理解中国特色社会主义，增强社会责任感，为实现中华民族伟大复兴目标而奋斗。如图 8.1。

图 8.1　梁潇羽《社会主义核心价值观》插画

8.2.2　思政课程与课程思政的区别和联系

（1）思政课程与课程思政的区别

思政课程是专门开设的思想政治理论课程，旨在通过系统的理论教育，帮助学生掌握国家政策、法治精神、公民意识、历史文化等方面的知识和理念。课程思政是一种教育理念，强调将思政教育融入其他各类课程中，通过教学内容和方法来培养学生思想品德和道德修养等方面的素养。在内容与形式方面，思政课程内容固定，主要是思想政治理论教育，形式通常是课堂教学。课程思政内容广泛，涉及人文、社会、科学等多个领域,形式更加多样,可以包括课堂教学、实践活动、项目研究等。

另外,思政课程是大学生思想政治教育的核心课程和显性课程,具有明确的教学大纲和评价标准,是全体大学生的必修课,覆盖所有学生。课程思政是大学生思想政治教育的新渠道、新载体,通过隐性教育的方式,潜移默化地影响学生。它涉及各类课程,但并非所有课程都强制要求融入思政教育。

(2) 思政课程与课程思政的联系

思政课程与课程思政均致力于通过多元化的教育手段与丰富的内容体系,引导学生构建正向的世界认知、人生观念与价值体系。它们共同的目标是培养出既具备高尚道德品质,又勇于承担社会责任的社会主义建设者与接班人,为国家的繁荣与发展贡献力量。思政课程为课程思政提供了理论基础和指导方向,而课程思政则通过各类课程将思政教育的理念融入学生的日常的学习和生活中,实现全员、全程、全课程的育人目标。

思政课程与课程思政在育人目标、教育内容、教育方法等方面都存在着密切的联系。思政课程的系统性和理论性可以为课程思政提供有力支撑,而课程思政的多样性和灵活性则可以丰富思政课程的内容和形式,使思政教育更加生动、有趣和有效。在高校教育中,两者相辅相成,共同为学生的全面发展和社会进步做出贡献。

8.2.3 高校相关实践佐证与分析

以艺术设计专业课程为例,"传统文化与现代设计融合"课程成为亮点。该课程不仅注重培养学生的设计技能与创新能力,更将思政元素深植于教学之中,实现了艺术教育与思政教育的有机结合。课程中,教师引导学生深入研究中华传统文化的精髓,如书法、国画、剪纸、陶瓷等艺术形式,通过案例分析、实地考察等方式,让学生深刻理解传统文化的内涵与价值。随后,鼓励学生将传统文化元素融入现代设计之中,创作出既具有民族特色又符合现代审美需求的作品。在这一过程中,学生不仅提升了设计水平,更在无形中增强了对传统文化的认同感与自豪感。同时,教师还注重培养学生的创新思维与社会责任感,引导学生思考如何通过设计为社会带来正面影响,如设计环保包装、无障碍设施等,让学生在实践中体会设计的力量与责任。这一课程思政实践,不仅丰富了艺术设计专业的教学内容，更在潜移默化中提升了学生的思想政治素质，为培养具有文化自信与创新精神的艺术设计人才奠定了坚实基础。

在源远流长的中华文化中，地域文化始终保持着独特的地位，其代表了一个地区的历史发展的精神观念发展。高等教育改革发展过程中，如何将地域文化融入其中，备受学术界的关注。高校课程思政教学，指的是在正常教学课程中传达正确的思想政治认识，需要由教师出手将思政元素融入专业知识内，从而保证高校学子具有符合时代标准的思想观念。实践过程中，教师通过讲述地域文化中的历史人物传记、传说故事，将其与思政课程教学传达的精神相结合。在"思想道德修养与法律基础"课程中，引入当地历史人物的道德故事或事迹，让学生从中领悟社会主义核心价值观的内涵。将日常生活与思想政治教学联系起来，加深高校学生对地域文化和思政课程的认识，使其能够主动展开学习。除此之外，教师利用多媒体、网络等现代化技术，将地域文化融入课堂教学中。通过制作多媒体课件、播放相关视频、展示图片等方式，教师可以生动形象地呈现地域文化的独特之处。依靠丰富的教学内容将学生注意力吸引到课本上，让学生具有更高的学习兴趣。多维实践教学模式注重培养学生的综合素质和能力。在实践教学中，学生通过参与民俗活动、观察历史遗址、与当地居民交流等方式，提高自己的观察力、思考力和表达能力。

高校外语课程思政，将纪录片与外语课程思政相融合，可以提高思想政治教育的实效性和趣味性，增强学生的学习兴趣和参与度，有利于加强大学生的思想道德建设和思想品德教育。以纪录片《美丽中国》为例，该片是中国第一部由中国中央电视台（CCTV）和英国广播公司（BBC）联合摄制的纪录片，荣获第30届"艾美奖新闻与纪录片大奖"最佳自然历史纪录片摄影奖、最佳剪辑奖、最佳音乐与音效奖。具有专业拍摄班底并受业界极力肯定的纪录片属于高校外语教育中纪录片选择的首要标准。在高校外语课程思政教育中，将纪录片《美丽中国》融入教学中，通过纪录片、讲座、课堂讨论等方式，引导学生理解生态文明建设的重要性，了解中国的生态文明建设战略和政策，掌握中国在环保、节能、低碳等方面所取得的成就，同时增强学生的环保意识和社会责任感。

思政课程与课程思政的深度融合，其核心价值在于构建全方位、立体化的育人体系。它超越了传统思政课程的界限，将思政教育贯穿于各门学科之中，实现了知识传授与价值引领的有机结合。这种教学模式不仅丰富了学生的精神世界，增强了他们的社会责任感与使命感，还促进了学生全面发展，提升了其综合素质。通过思政课程与课程思政的协同作用，我们能够培养出更多既有专业知识，又具备高尚品德和正确价值观的新时代人才，为国家的繁荣富强和社会的发展进步贡献力量。

8.3 美育与思政的关系

8.3.1 美育与思政教育互为补充且相互促进

美育作为一种润物细无声的教育手段，其影响力能够深入人心并富有艺术魅力，通过营造轻松愉快的学习氛围来逐步塑造接受教育的个体的思维。思想政治教育更倾向于理性思考的方式，主要依赖讲解式的教学方法。就各自的特点而言，美育和思想政治教育互为补充，在实际的教育影响效果上，两者又可以相互促进。

（1）美育能强化思政教育，让学生乐于接受

美育能给思想政治教育带来一定影响并对思想政治教育起推动作用，通过各种途径将美学整合进思想政治教育体系以优化思政教学方式，从而让理性的学习过程更具趣味和深度。在思想政治教育过程中，美学知识可以被理解和应用，同时美学本身就蕴含着许多思想政治的要素，二者之间存在互相包含又彼此交融的关系。美学和思想政治学都有感性的成分，这是由二者的特质所决定的，这种认知是从深化转向理性层面的。美育有助于培养学生对规律形式的独特理解，也能对学生的创新能力产生影响。让美育深入思想政治教育中，能使大学生更加热衷于此，并能够对其进行相应的领悟和记忆。当代大学生大都思想活跃、想法超前，较能接受具有时代特征的新鲜事物，不过对传统的思政教育容易产生抵触心理。如果在思政教育中巧妙融入具有时代气息的文艺作品，站在美育的视角传递思政内涵，或许更能达到润物无声、潜移默化的效果。

（2）思政教育对美育的正确走向具有牵引、导航的作用

思想政治教育为美育的发展指引方向，能够确保学生的价值观与审美能力相融合，并能做出明智的选择来吸纳这些知识，进而塑造出适应中国新时代需求的有才之士。无论是在美学领域还是思想政治教学中，教育的核心目标始终是"立德树人"，旨在培育具备德、智、体、美、劳全方位能力的社会主义事业建设者和接班人。蔡元培曾经讲道:"美育之目的在于陶冶活泼敏锐之性灵,养成高尚纯洁之人格。"如今的美学教育的核心目标是提升年轻人对于美的理解、探索、认知及创新的能力。美育的失效显著体现在审美敏感性的缺失、美与丑辨识力的削弱,以及面对恶俗现象时判断力的模糊。一些年轻群体在功利主义思潮的影响下,其审美观逐渐偏移了历来推崇的正面轨道,滑向了低俗与异化的边缘。在此背景下,思想政治教育显得尤为重要,其核心作用在于依托社会主义核心价值观的强大力量,为青年学子指明高尚的人生航向,确保他们在审美价值及道德选择上能够坚守正道,避免误入歧途。

8.3.2 美育与思政教育同向同行、共赢发展

(1) 美育与思政教育目标具有一致性

思想政治教育和美育虽然在形式和方法上有所不同,但它们的目标是一致的,都致力于人的全面发展和社会的进步。高校教育中的思政工作,其核心在于增强学生的自我认知,帮助他们树立坚定的政治信念,并塑造积极向上的世界观、人生观与价值观。这一过程中,虽然思政教育强调政治导向与科学逻辑,但在艺术表达方面尚有提升空间。相对地,高校美育侧重通过引导学生体验美、沉浸于美、接纳美乃至创造美,来提升他们的审美鉴赏力与创造力。尽管两者在教学手法上各有侧重,但它们的教育愿景却是殊途同归,均致力于通过教育活动激发学生的思维灵感,净化其心灵世界。将思政教育的深刻内涵与美育的艺术魅力相融合,能够打破传统思政教育的单一框架,使之更加生动灵活。美育若能融入思政教育的政治立场与价值导向,将赋予其更加具体且富有实践意义的内容。

我国高校开展思政教育,旨在培养学生正确的政治信仰和提升思想道德水平。我国大学实施美育的核心目标是引导学生发现、欣赏和创造美,培养他们正确的审美情趣。习近平总书记指出:"做好美育工作,要坚持立德树人,扎根时代生活,遵循美育特点,弘扬中华美育精神,让祖国青年一代身心都健康成长。"美育和思政教育相辅相成,在课堂教学中互相交融,对学生发展起着重要作用。二者所追求的"真、善、美"目标一致,有助于培养学生的健全人格,提供良好的学习生活环境,更好地适应社会发展和未来需求。

(2) 美育与思政教育内容具有统一性

思想政治教育注重"成教化、助人伦"的教育目标,"随风潜入夜,润物细无声"是美育更主要的特点,这两种教育的内容是互补与协同的。高校中的价值观导向、道德熏染、模范激励等主题构成了一部分重要的教学设计理念,这些概念被整合到学生的日常生活和社会活动之中来实现有效的教学效果。大学的美育课程旨在让学生们通过体验感受美好事物,进而培养他们的人格品质和个人修养。这种融合了两种不同领域的知识体系使它们具备共同点,且能在教育过程中体现出榜样的教育方式及其所蕴含的美学内涵,从而激发起学生的自我意识,提高精神境界与人文学识的能力。

无论是美育还是思政教育都有它自身的逻辑严谨度,同时又富有创意色彩。相对来讲,思政教育的重点在于理性的推敲分析,而对于美育的研究侧重艺术性精神追求并且重视直观的感受。在高校中,经常把美学教育融入思政教育过程中去,随着知识领域的扩大,思想政治教育已经从单纯的理性角度转向了包括审美能力和审美功能等方面内容的多维度整合模式,这有助于加强其吸引力和影响力,同时也提高了大学生的审美理解力和辨识力。尽管两者的教育目标、教育手段及策略有许多共同之处,但二者之间也存在一些差异。其中,美誉更多依赖于模范人物等的影响来实现其启迪的目的,思政教育则具备较强的事实依据和推理性。基于此,高校教师必须了解它们的相同之处,并在实际操作中积极实施相关教育任务,才能使这些教育项目得以持续推进。

(3) 美育与思政教育功能具有互补性

"刚"(即严格的形式)及理性思考构成了思政教育的核心特征,"柔"(轻快且富有感染力的教学方式)则为美育具有的特点。这两种不同的元素通过结合其内在联系而产生共鸣,它们都致力于推动学生的思维能力和精神世界的进步。真正的美必定包含了真性和善良——这是由我们的价值观决定的美学观。同样重要的是,塑造灵魂的目标在于实现人的全面发展,在教授德、智等方面知识的同时,也应重视对艺术审美的追求。把这种观念贯彻到底,并在实践操作的过程中注意平衡两者的重要性关系。且必须意识到,如何让这些理论真正落实到位的关键所在,就是要把这两个领域紧密联合起来并且将其深植于日常的教育活动中去,从而更好地展示教育美的一面。

在新时代的驱动下，我国高校的美学教育和思想政治教育呈现出一定的互补关系。这得益于两个方面的因素，高校的美育对于塑造大学生的品行有着关键性的影响，思想政治教育在提高大学生全面能力中起到了核心作用。这两种教育方式之间存在互相支持、共同发展的关联。从更具体的视角看，当思想政治教育达到了一定水平后，它的影响力会体现在人才培育各个层面，推动学生的全方位成长和进步。这种教育涵盖"真、善、美"三个主题，而在这个"美"的教育进程里，最核心的任务就是把这三点融合在一起以达成和谐状态，因此我们需要充分利用美学教育和政治教育的互补特性，使思想政治教育包含审美趣味，确保学生不仅能通过政治教育获得思想道德和文化知识的提升，而且能够体验到艺术的感化，让他们的学习过程和成果更为深入透彻。

8.3.3　高校美育与思政教育结合有着坚实的理论基础

马克思的全面发展理论是高校美育与思政教育融合发展的理论支撑。马克思的全面发展理念构成了重要的理论支持和基本框架，他认为人类有机会全方位地提升自我，具备多方面的能力以促进各领域的发展并趋向完善。根据马克思提出的"人是一切社会关系的总和"，人们拥有社会属性。通过整合美育和思政教育，寻求人的全面发展，整体上提升个人的品质。唯有道德素养得以显著增强，各个方面协调发展，人们的需求方能被更充分满足。大学的思想政治教学应紧扣学生的成长路径，思政课程为实现人的全面发展提供了有效的手段，学生既能追求自我的价值，也能实现他们的社会责任感。教育要充分激发学生的潜力，指导他们在实际行动中发挥自己的作用，从而推动学生全面、均衡、健康地发展。

美育观是美育和思政教育整合发展的理论基础。美育不仅具备一定的独立性，还可以依托其他领域。根据马克思的观点"动物只是按照它所属的那个种的尺度和需要来构造，而人懂得按照任何一个种的尺度来进行生产，并且懂得处处都把内在的尺度运用于对象；因此，人也按照美的规律来构造"，揭示了人类在实践活动中构建了一种双向互动的模式，即主体与客体之间的相互转化与影响。主体客体化代表了人类本质能力的体现，而客体主体化则是为达成目标导向的目标服务。人通过遵循美育来塑造自我，实现目标性和规则性的和谐共存。对于美育而言，它是独立且纯粹的，可针对特定情况开展，亦可通过融入其他学科的方式，潜移默化地融入其中。席勒认为："美的最高理想要在实在与形式的尽可能完善的结合与平衡里去寻找。"同样，蔡元培先生还提到，在古代的教育体系中，礼与乐相辅相成，共同构成了培养人格的重要基石。其中，礼作为德育的核心，旨在塑造个体的道德品行与行为规范；而乐，则作为美育的精髓，通过艺术的形式滋养心灵，提升审美境界。正如他所说"美育者，与智育相辅而行，以图德育之完成者也"。美学本身就拥有完整的体系，同时也可能和其他各种教育方式产生密切关联，而且还能有效推动其他领域的进步，特别是道德品质的发展。这些经典理论为我们提供了坚实基础，使我们得以更深入探讨高校中的美育与思想政治教育的结合。

高校美育的成效输出篇

第 9 章　美育与生活

生活如同一幅绚丽多彩的画卷，而美育则是那支神奇的画笔，为其增添了无尽的魅力与色彩。生活是美育的源泉，美育是生活的升华。当美育融入生活，我们会发现日常的点滴都变得富有意义。美育融入生活，能够点亮生活的每一个角落，让平凡的日子遇见美好，让生活因美而变得更加丰富、更加精彩。

9.1　时尚与美育

时尚，是指在一定时期内社会中普遍流行的，并被人们所追求和崇尚的生活方式或行为模式，是一种持续变化的现象。时尚不仅是指外在的装扮和追求，更是一种生活态度和价值观的体现。时尚作为社会文化的一种表现形式，不仅反映了时代的审美趋势，还与美育紧密相连。因此，通过美育培养人们的审美力和创造力，不仅使个体能够更好地理解和欣赏时尚，同时也推动时尚产业的创新和发展，具有非常重要的理论与实践意义。

9.1.1　时尚与美育的关系

时尚是美育的重要载体。人们通过关注时尚、追求时尚，不仅能够提升自己的审美水平，还能够学习如何去创造美，在追求美的过程中，提升自己的审美能力和创造力。而美育对时尚具有引领作用，通过美育教育，不仅能提高公众的审美能力和素养，使得人们在追求时尚时不只停留在产品表面，更加注重产品文化内涵以及设计感。以故宫文创产品为例（图 9.1），其以独特的设计和文化内涵受到了人们广泛关注和喜爱，这些产品不仅具有实用性，还融入了丰富的中华传统文化元素。故宫文创产品的热销证明了美育对时尚的引领作用，人们开始关注产品背后的文化内涵和设计理念，而不仅仅是追求表面的时尚和潮流。

图 9.1　故宫文创"百鸟朝凤"桌面屏风摆件

9.1.2　时尚与美育结合的社会意义

　　时尚与美育的结合，有助于提升整个社会的审美水平。时尚不仅是物质外在形式的追求，更是社会文化的体现，而美育教育通过艺术欣赏、创作实践等活动，不仅能够培养人们对美的感知、理解以及鉴赏能力，还使得人们在追求时尚的同时，更加注重其背后的文化内涵和艺术价值。这种追求不仅提高了人们的文化品位，也推动了社会文化的繁荣和发展。

　　时尚与美育的结合，能够促进跨文化交流与融合。时尚本身作为一种跨文化的现象，在形成发展过程中，吸取东西方各类文化元素，反映出了不同文化之间的交流与融合，而时尚与美育的结合，为人们提供了一个了解不同文化、欣赏不同艺术风格的平台。如巴黎时装周、米兰设计周（图9.2）等活动，不仅吸引了全球的设计师和品牌，也吸引了来自世界各地的媒体和观众。这些活动为不同文化背景下的设计师和观众提供了一个文化交流的平台，人们可以更加深入地了解世界各地的文化和艺术，促进文化间的相互理解和尊重。再如超模范儿美育公益行，7年来不仅为西藏偏远山区的孩子送去了近千万元爱心物资的捐赠，更通过唱歌、跳舞、绘画、形体礼仪、台步走秀等多种形式，为孩子们提供了丰富的美育体验。在活动中，把来自厦门孩子们的海洋元素作品在雪域高原上呈现，再甄选

图 9.2 米兰设计周展会

西藏小朋友的优秀作品带回厦门展出,形成跨越山海的双向交流。这些活动极大地提升了孩子们的审美水平,丰富了他们的精神世界,也促进了文化交流。在超模范儿美育公益行中,导师们不仅带来了时尚理念和艺术技能,还与当地的手工艺人合作,将传统文化元素融入时尚设计中。这种跨文化的交流和融合,不仅丰富了时尚的内涵,也促进了传统文化的传承和发展。超模范儿美育公益行是时尚与美育相结合的典范,它通过美育启蒙为偏远山区的孩子带来了丰富多彩的美育体验,体现了社会责任和公益精神。

时尚与美育的结合,可以不断激发人们的创新精神。在追求时尚的过程中,人们尝试新的时尚风格,探索不同材料和工艺的形态,能够推动时尚产业的创新和发展。同时,在美育教育的影响下,人们能够学会如何欣赏和创造美,同时也学会了如何表达自己的情感和思想。时尚与美育的结合能够培养人们的批判性思维,在美育教育中,人们学会了如何分析和评价艺术作品和设计作品,从而可以在时尚设计中快速分析和评价时尚趋势和市场需求。这种批判性思维的培养有助于人们在设计中保持独立思考和判断力,避免盲目跟风和模仿,同时,批判性思维也有助于人们在设计中发现问题和解决问题,推动创新精神的不断发展。

"李宁"作为本土运动品牌,将书法、国画等传统文化元素融合于设计中,不仅展示了东方美学的独特魅力,也实现了时尚与美育的完美结合。这种创新设计不仅提升了产品的时尚感,也加深了消费者对传统文化的理解和欣赏,从而激发了他们的创新精神。李宁品牌用实际行动证明了时尚与美育的结合对培养创新精神的重要性,为时尚产业注入了新的活力。

由此可见,时尚与美育之间存在着密切的联系和相互作用。通过关注时尚、追求时尚,人们可以不断提升自己的审美能力和创造力,而美育则通过培养人们的审美能力和创造力,为时尚产业的发展提供了强大的精神动力和文化支撑。因此,我们应该重视时尚美育的教育和实践,让时尚与美育相互促进、共同发展。

9.2 日常生活中的审美

9.2.1 日常生活审美化的定义

"日常生活审美化"这一概念最早是在 20 世纪 60 年代提出的,当时欧美国家进入消费文化的繁荣期,随着电视等媒体的传播及普及,日常生活中的美学元素和视觉影像大量涌现,极大地丰富了人们的审美体验,使美学与日常生活更为紧密地融合在一起。为了描述"美"超越以往的传统审美领域进入日常生活的现象,英国社会学家迈克·费瑟斯通于 1988 年对"日常生活审美化"进行了系统性的理论归纳和总结,为这一概念提供了更为深入的理论支撑和阐释。他认为,日常生活审美化正在缩小艺术和生活之间的距离,在把"生活转换成艺术"的同时也把"艺术转换成生活"。这一观点强调了现代审美活动已经超出了以往纯艺术和文学的范围,渗透到了大众的日常生活中,成为一种更为普及的文化现象。

当前,我国社会主要矛盾已经转化为人民日益增长的美好生活需要和不平衡不充分的发展之间的矛盾,这为"日常生活审美化"提供了新的语境和视角。"日常生活审美化"不仅反映了经济社会的发展,也体现了人们对美好生活的向往与追求。日常生活审美化,是一种将审美艺术与生活紧密结合的趋势。这种变化的出现,既得益于现代社会物质条件的极大丰富,为人们提供了更多追求美的可能,也反映了人们对于精神生活品质的不懈追求。在日常生活中,我们不难发现很多美的元素被广泛应用。从精致的家居装饰到时尚的衣着打扮,从别致的日常用品到优雅的生活空间,每一处都透露出人们对美的热爱和追求。这种对美的追求,不仅体现在物质生活的各个方面,更深入地影响了我们的精神生活,人们在闲暇时光中享受音乐、电影、书籍等文化艺术形式带来的愉悦和满足,这些艺术形式丰富了我们的精神世界,也让我们在欣赏美的过程中获得了更多的思考和感悟。因此,日常生活审美化不仅是一种生活方式的选择,更是一种生活态度的体现。

9.2.2 日常生活审美化的表现及影响

在后现代文化中,普通大众的日常生活及周围环境被各种各样的审美消费侵袭，审美消费赋予任何商品消费价值。"日常生活审美化"大致分为"表层审美化"和"深度审美化"两个方面。

表层审美是指人们的衣、食、住、行等，从时装表演、"美感包装"的首饰到"艺术加持"的工艺品，再到室内设计、都市策展，都呈现出一种浓烈的"审美关怀"。在这个表面层次上，艺术进入日常生活的方方面面，一切都可以成为艺术作品，每个人都可以成为艺术家，艺术成为日常生活的一部分，生活已经成为一种艺术和技术美。我们购买的咖啡杯，不再只是用来盛装咖啡的工具，而是一种具有设计感和艺术性的商品，它们有着精美的图案、独特的形状，甚至还有定制的服务，这些都是为了让消费者在享用咖啡的同时，也能体验到美的感觉（图9.3）。我们在艺术馆或者博物馆参观展览时，通过欣赏艺术作品的构图、颜色来提高自己的审美水平，这都属于日常生活审美化中的"表层审美化"。

日常生活中的"深度审美化"是指通过文化、艺术、哲学等方面的渗透，使人们在精神层面、生活方式和价值观上体验到美的存在和追求，它不仅仅关注产品的外观形态，更注重自身的内在体验感受。人们在参观艺术展览时，不只是欣赏艺术作品表面的美，而是能深入理解艺术家的创作理念，在这个过程中，人们就获得了深度的审美体验（图9.4）。无论是"表层审美化"还是"深度审美化"，都让人们的生活质量得到了提高，更加注重生活的细节和品质。人们在日常生活中对美的追求也推动了文化产业的创新和发展。如电影、音乐、书籍等，这些文化艺术形式都在不断地推陈出新，以满足人们日益增长的对美的需求。

图 9.3　有设计感的咖啡杯

图 9.4　参观沉浸式艺术展

9.2.3 日常生活审美化的发展趋势

随着"日常生活审美化"走进人们的生活，我们不仅要加强对本土文化的敏感性和自觉性，还要将国际多元化审美、民族化审美与个性化审美融为一体，在中外文化的对比中认识到自身文化的独特性以及差异性。因此，我们不仅要将历史积淀和民族特色文化作为独特的审美资源，在"日常生活审美化"的过程中深入挖掘和传承本土文化的价值，将中华优秀传统文化推向世界。还要把握时代命题，推动不同文明之间的交流与互鉴，为我们指明寻找现代化审美的新方向。在此基础上，我们必须进一步加大对美育教育的投入，使审美教育在全社会范围内得到广泛而深入的推广。

首先，针对大众要以艺术欣赏为重点，构建一个全面而系统的艺术欣赏体系，涵盖绘画、音乐、舞蹈、戏剧等多个艺术领域，通过公益性的文化服务来推广美育教育。各级文化机构和艺术团体定期举办各类文化艺术活动，为大众提供丰富多样的艺术欣赏机会。同时，我们还可以通过建设文化艺术场馆、完善文化设施等方式，为大众提供更为便捷的文化艺术服务。其次，针对青少年群体，我们需要以艺术教育为重点，加强他们的艺术素养培养。通过开设艺术课程、举办艺术培训班、组织艺术竞赛等方式，让青少年能够接受到专业的艺术教育，提升他们的艺术技能和艺术鉴赏力。在美育教育的过程中，我们要注重民族性和国际性的结合，通过引入世界各地的优秀文化艺术作品，让青少年了解不同文化的特点和魅力，培养他们的国际视野和跨文化交流能力，同时，我们也要注重传承和弘扬中华优秀传统文化，让青少年在接触和了解传统文化的过程中，增强民族自豪感和文化自信心。通过大力发展美育教育，我们不仅可以提升全民的审美素养和青少年的审美能力，还可以促进文化的传承与发展。在这个过程中，我们需要全社会的共同努力和支持，让美育教育成为推动社会进步和发展的重要力量。

9.3 社交礼仪与美育

9.3.1 社交礼仪与美育的关系

"礼"作为中华传统文化核心，经过几千年的发展与演变已融入我们日常生活中。其深远的影响，不仅体现在正式场合的社交仪式中，更渗透到人们的日常生活中，成为衡量个人品行与社会文明程度的重要标尺。在当今社会，个人的言行举止愈发成为其内在品质与素养的直接反映。懂得礼仪、尊重他人，往往能够赢得更多的尊重与信任，从而在社会生活中获得更好的发展机会。因此，加强社交礼仪中的美育教育，不仅能够继承和发扬传统文化，还能够提升全民的道德素养。

美育是指通过对艺术、文化等方面的学习和培养，提升人们认识美、理解美、欣赏美、创作美的能力。通过学习艺术和文化，人们可以提升自己的仪表和言谈举止水平，使其更加得体和优雅。社交礼仪与美育之间是相辅相成、相互渗透的。社交礼仪作为人们在社交场合中遵循的行为规范和准则，不仅能够体现社会的道德风尚和文明程度，同时也蕴含了丰富的审美元素。在社交礼仪的实践中，人们不仅能够学会如何恰当地表达尊重、亲善和友好，还能了解到如何通过仪容仪表、言谈举止等细节展现个人的审美品位和修养。而美育可以使人们提高自身的审美素养，学会如何在社交场合中运用美学原理，从而使自己的行为更加得体、优雅，能进一步丰富社交礼仪的内涵和形式。因此，社交礼仪与美育的融合，不仅有助于提升个人的综合素质和社交能力，也有助于推动社会的文明进步和和谐发展。

9.3.2 社交礼仪与美育的结合

社交礼仪与美育教育相结合在现代社会中有着越来越重要的意义，随着人们对美的追求不断提高，社交礼仪也逐渐成为展现一个人综合素质的重要组成部分。因此，我们应该更加重视社交礼仪与美育的教育和培养工作，来提升人们的综合素质和社交能力。

首先，在社交礼仪中的美育教育要重视传统文化的传承。随着全球化时代的到来，我国一些优秀传统思想观念受到形形色色的国外新思潮的挑战，在传统思想和现代生活的冲突中，新颖的外来文化更容易被人们所认同与接纳，有些良好的传统礼仪被人们所遗忘，礼仪教育的难度增大。要将社交礼仪美育内容以社会讲堂、文化展演等有趣、多样化的方式引入人们生活中，作为一种缓冲的形式，使人们以最简单的形式接受社交礼仪，树立社交礼仪美的意识，以便进一步接受礼仪教育的引导。其次，在传承传统礼仪的同时,社交礼仪美育也应注意时代特点的变化。随着全球化的加速和文化的多元化发展,人们的社交活动和审美需求也将越来越多样化。因此,我们需要不断探索和创新社交礼仪与美育的教育模式和方法,以满足人们的不同需求和期望。在服饰礼仪中,不同年代对服饰的审美眼光也有所不同,那么要在礼仪教育中融入当下主流的服饰审美取向,使人们能够辨别基本的审美趣味和时代的变化,从而把握服饰礼仪的原则和灵活变化,既不放弃对传统礼仪的继承,又不忽视现代礼仪的变化。随着社会的不断发展和变化,社交礼仪和美育的内涵和外延也在不断变化和扩展,我们应该认识到社交礼仪与美育的交融关系是一个动态发展的过程,因此,我们需要不断更新自己的观念和知识体系,以适应这种变化和发展趋势。

9.4 自然美的欣赏与体验

自然美是指自然事物和自然现象所表现出来的美,当它处在自然状态的时候,本身不具备文化内涵,当人们以审美眼光去看待时才能从中见出美来。因此,自然的审美价值,根植于人类文化的繁荣与审美观念的广泛渗透之中。自然,是客观存在的,无论从何种审美角度出发去欣赏和体验,都能在自然中找到美的共鸣,从而出现了各种各样对自然的审美欣赏和审美体验。

9.4.1 如何欣赏与体验自然美

大自然有其无尽的魅力,编织着我国山川河流的壮丽画卷。当我们畅游祖国的大好河山时,不仅被令人叹为观止的自然景观所吸引,还能感受到对祖国山河的无尽敬仰与热爱。面对自然界,我们能够从中吸取到一种蓬勃的力量,更能够在这股力量之上形成对于中华文化的认同。在如今快节奏的社会中,生活和工作中的压力逐渐增大,利用闲暇时间回归自然,享受美景,不仅可以使疲惫的身心得以恢复,还能从视觉享受、听觉沉浸以及触觉体验方面去深刻感受自然的魅力,从而收获内心的宁静与力量。

首先,在欣赏与体验自然时要从自然的特性入手,获得初步的审美感受,细致观察其形态、聆听其声响、品味其气息、欣赏其色彩,力求全方位、整体性地捕捉并理解自然所展现的美学。无论是日月山川还是江河湖泊，都有其独特的形态。即便同是山川，也各有其特色，北方的山雄浑磅礴（图9.5），南方的山柔和秀美（图9.6）。我们要善于从自然不同的形体中感受自然美，欣赏自然美，可以从视觉、听觉、味觉入手。苏轼在《赠刘景文》中写"一年好景君须记，最是橙黄橘绿时"，诗中"橙黄""橘绿"是一种鲜艳的色彩之美。李白在《春夜洛城闻笛》中写道"谁家玉笛暗飞声，散入春风满洛城。此夜曲中闻折柳，何人不起故园情"。其前两句用夸张的手法描写笛声随春风而传遍洛阳城，后两句用声音之美引出思念故乡之情。苏轼在《浣溪沙·细雨斜风作晓寒》中写："雪沫乳花浮午盏，蓼茸蒿笋试春盘，人间有味是清欢。"泡上一杯浮着雪沫似的清茶，品尝着山间嫩绿的春盘素菜，通过味觉来表示人间真正有滋味的还是清淡的欢愉。自然中美的形式多种多样，在于人们感官的捕捉，才能迅速沉浸在美的意境之中，收到一种赏心悦目、乐在其中的审美效果。

图9.5　山东泰山

图9.6　江西庐山

其次，联系人文历史，体悟自然背后的文化意蕴。自然之美，深植于人类历史文化之中，在中国悠久的传统文化里，自然美与人文历史相存共生。自宋代以来，梅、兰、竹、菊以其独特的象征意义，成为文人墨客笔下常青的"四君子"题材，这正是源自中国"以物喻德"的审美哲学，它们各自蕴含的情操与气节，成为传统文学颂扬高洁品质的重要载体（图9.7）。春之兰、夏之竹、秋之菊、冬之梅，四季轮回中，它们不仅承载着时间的流转与自然的韵律，更被赋予了深厚的生命哲理与秩序感。作为艺术创作中反复吟咏的对象，这四种植物不仅以其外在的形态之美吸引着人们的目光，更在文人的精神世界里化作了追求理想人格、崇尚高风亮节的象征，历久弥新。面对清新隐逸、高风亮节的菊花，人们常联想到"采菊东篱下,悠然见南山"的陶渊明。陶渊明与菊相伴,从种植到品鉴,无一不展现他对菊的深情厚谊,开创了人与自然和谐共生的新境界。其诗中"三径就荒,松菊犹存""芳菊开林耀,青松冠岩列",不仅描绘了自然美景,更寓含了他超脱尘世、坚守高洁的情怀。陶渊明虽非菊之意象首创者,但他赋予了菊花清新脱俗、隐逸高洁的全新内涵,成就了诗、菊、人三者完美融合的典范。在审美情绪的感染下,人们不仅会沉醉于菊花清寒的风姿,更会为它高风亮节之德所深深折服,联系人文历史欣赏自然美,需要审美主体具备相应的文化知识素养和一定的思维分析能力。

图 9.7　梅兰竹菊图

最后,关注生命,体悟自然所蕴含的人生哲理。柳宗元说:"美不自美,因人而彰。"深入探索自然之美的人,则擅长捕捉自然的独特属性,将自然与个人的情感、道德及气质相交融,进而与自然产生共鸣,领略到自然中蕴含的丰富哲理。中国古人尤为擅长从自然界中汲取智慧,探索生命真谛。王维面对幽谷中孤芳自赏的芙蓉,感悟到的不仅是花朵的绽放与凋零,还是花朵自然天成的生命过程——无需外界认同,不求世事纷扰,独自绽放,尽享生命的每一刻。这种来自自然的启示,赋予我们在纷扰尘世中寻觅心灵宁静的力量,教会我们珍惜当下,享受生命本身赋予的平和与力量。因此,从生命的视角审视自然,自然之美便成为心灵映射下的审美创造,它既是自然界的真实写照,也是内心情感的外化表现。只有用真诚之心去感受，才能触及这份深藏于自然之中的美学真谛。

9.4.2 自然美中的美育价值

自然美与美育有着极为密切的关系。美育在促进人们欣赏和体验自然美方面发挥着重要作用。而自然美也具有陶冶情操，提高审美能力，激发创造力，培养爱国情感，加深人生感悟，丰富精神生活等多方面的审美教育价值。

第一，陶冶性情，培养高尚的品格情操，提高审美能力。人与自然的关系是在相互作用中发展起来的。因此，在人和自然之间就逐步生成了某种"异质同构"关系。我国古代文人善于将自然之物来象征和寄寓人的品格节操。荷花的出淤泥而不染、水仙的冰清玉洁、兰花的清雅芬芳等，这些花卉的外形与内涵，象征着健康、美好的人格特质，同时承载并体现了正义、坚韧不拔以及乐观向上的精神风貌。正因如此，在中国的诗歌与绘画艺术中，这些元素历经千百年反复被文人画家所描绘与颂扬，它们不仅在审美上丰富了人们的精神世界，更在潜移默化中促进了高尚情操的培育，对中华民族的文化精神与性格特征的塑造产生了深远的影响。

第二，增强文化知识，激发创造力。自然界不仅是美的世界，更是知识的宝库，自然景观与人文遗迹交织共生，每一处都反映着历史文化内涵。"博览群书以广识，遍历山川以增智"，探索名山大川与风景名胜的旅程，不仅能够开拓视野，更能实现创造力与知识的飞跃。明代徐霞客在30多年中，游览考察了大半个中国，用一生心血撰写成《徐霞客游记》，不仅具有美学、文学价值，而且具有极高的科学价值。"足迹几遍域中"的清末学者魏源，甚至提出了"游山学"的思想，得出"一游胜读十年书"的结论。自然美不仅启迪科学智慧，推动科学创造，还为文学家、艺术家提供创作源泉，激发创造力。

第三，培养爱国情怀，感悟人生哲理。游历名山大川，欣赏奇峰秀水，能够激发人们对祖国大好河山的热爱之情。壮丽的山川、广袤的草原、清澈的河流等自然景观，不仅具有视觉上的震撼力，更蕴含着深厚的文化底蕴和历史积淀。欣赏自然美，不仅可以激发人们的民族自豪感和爱国情怀，也能使人睹物兴怀，感悟人生哲理。王之涣从"白日依山尽，黄河入海流"的雄浑景象，再到"欲穷千里目，更上一层楼"中感悟的人生真谛；范仲淹由岳阳楼观赏洞庭湖的千姿百态，生发出"先天下之忧而忧，后天下之乐而乐"的壮志豪情。自然景物给人的启迪是丰富且深刻的。

9.5 生态文明与美育

9.5.1 生态文明美育体系建设的必要性

人与自然的关系问题一直以来是人类存在与发展的永恒问题。早在先秦时期，古人就提出了"万物一体""天人合一"的生态学思想，这个思想不仅体现了古人的智慧，更是生态文明治理的瑰宝，深刻影响着后世。随着新时代的到来，我国社会经济实力发展不断提升，人们对物质生活的追求也日益增强，导致自然界被人为地过度干涉，人与自然关系逐渐失衡，环境污染、生态退化等严峻问题接踵而至，给自然环境带来了不可估量的损害。究其根源，这一系列问题的背后，是人们对生态观念的普遍缺失。面对这一现象，"两山"理论体系也随之提出，"两山"理论深刻阐释了人与自然的关系，这一思想为中国新时代生态文明建设提供了行动指南，为新时期的美育教育提出了新导向。因此，我们要通过美育教育的方式，为人们树立正确的生态观念，提升全民生态素养，加速生态文明建设的步伐。

首先，加强生态文明美育教育，是加快生态文明建设步伐的关键举措，能够进一步丰富新时代美育实践内涵，推动生态文明建设，需要全社会共同参与。因此，将生态文明美育融入美育教育领域，使生态思想与人文艺术思想结合起来，引导人们形成自然认知与生态责任感，让正确的自然观与生态观深入人心，建立起独特的生态审美情感至关重要。生态文明美育教育的完善和发展不仅能够增强人们的环保意识与行动力，还能够促进他们积极投身于环保实践，为新时代生态文明建设的蓬勃发展贡献力量。

其次，传统美育与生态文明美育教育在目标上具有一致性，生态文明美育教育在保留传统美育教育的同时，着重加强了生态审美情感的塑造，将环保意识与生态原则深度融入大众审美教育之中，不仅丰富了美育的内涵，还拓宽了其视野，使之更加契合现代社会的需求与发展趋势，实现了对传统美育内涵的有效扩充与深化。作为新兴学科，生态文明美育目前的研究主要围绕基础理论展开,而将其与传统美育相融合,则是推动生态文明美育理论向实践转化的创新策略,有助于促进美育体系的全面发展与更新。

9.5.2 生态文明美育体系建设的作用与实践

生态文明的建设不是一蹴而就的,它是多方面的、动态的。生态文明的长期性、全面性发展需要把生态美育的观念与方法有机地结合起来,以此对社会生活进行多方面的改造,才能促进生态文明的建设发展。生态文明美育的建设不仅体现在理论教育层面,还可以通过一系列有趣的社会实践方式,让人们亲身参与并感受到环境保护的重要性,通过观察和创作来发现自然的美丽与脆弱,认识到人与自然的相互依存关系,激发起保护环境的意识和责任感。

例如墙绘就是生态文明美育教育的一个突破点,墙绘和生态文明美育之间存在着紧密的关系,可通过艺术实践培养个体对自然环境的美感与保护意识。墙绘可以成为生态文明美育的有效工具和表达形式。首先,墙绘通过生动的艺术元素与丰富的色彩,直观生动地向人们展现出自然之美,将大自然壮丽景观以及生态系统的互动关系呈现出来,从而引起观者的情感共鸣(图9.8)。墙绘作品中的自然元素和生态主题能够使人们更加直观地感受到自然界的独特之处,进而增强对环境保护的认识和意识。其次,墙绘具有社区参与性,墙绘是集体创作和共享的艺术作品,能够吸引居民的注意。生态墙绘的绘制,可以促进社区成员间的互动与参与感(图9.9),形成关心环境、保护生态的合作意识。同时,可以通过招引社区居民参与绘制墙绘的环境教育的形式,让人们更深入地了解和体验生态文明建设成果。此外,墙绘通常以大尺寸的形式呈现,具有视觉冲击力和艺术表现力,能够吸引人们的注意并引发对环境问题的思考。巨大的墙绘画面能够带来强烈的视觉效果,其视觉冲击力及艺术表现力可以引起路过行人的兴趣,而墙绘作品中所传递的信息和意义,经过观者的参与和解读,可以引发人们对环境保护、可持续发展以及生态平衡的深入思考,激发人们积极参与环境保护行动的动力。作为一种视觉艺术形式,墙绘与生态文明美育之间存在紧密关系,通过其独特的表现方式和广泛的观众参与性,能够有效地传递环境保护和可持续发展的理念,引发人们对于生态文

图 9.8　环境保护墙绘　　　　　图 9.9　社区成员共同创作墙绘

明议题的关注和思考，并且促使人们积极参与环境保护行动。墙绘在生态文明美育中具有独特的价值和影响力，为人们提供了一种感性、直观和参与式的环境教育体验。

因此，通过美术教育途径进行生态文明建设，能够促使人们感情、认知和行为层面的全面的发展。生态文明美育是人们关注环境、热爱自然、践行可持续发展的重要支撑，为培养具有环境意识和环保行动能力的新一代做出了贡献，它通过科学的观念与方法推进了生态文明建设，促进了人们自然环境保护意识的提升，使之成为历史的必然选择，对新时代中国特色社会主义生态文明建设具有重要的引领性作用。

第 10 章 美育与社会

社会是人类活动的舞台，美育作为一种滋养心灵、提升素养的力量，在社会的发展进程中扮演着不可或缺的角色。美育能塑造社会的精神风貌，使个体在潜移默化中具备更高的文明素养和道德品质，从而营造出一个充满和谐、友善与温暖的社会环境。社会为美育提供了丰富的素材和广阔的舞台，社会的多元文化、多样生活以及各种社会现象，都成为美育的重要资源，促使美育不断发展和完善。

10.1 社会美育概述

10.1.1 社会美育的提出背景

"社会美育"概念提出之前，美育的倡导就带有大众化的倾向。新文化运动中的"文学改良论"对美育的大众性转化有较大启示。1917年，胡适在《文学改良刍议》一文中倡导文言文革命，提倡白话文。胡适认为白话文是"活的文字"，便于社会和大众理解，有利于新思想的传播和普及。紧接着，陈独秀在《文学革命论》一文中提出要推倒雕琢的贵族文学、山林文学、古典文学，建设平易的通俗的社会文学。受文学领域革新的影响，北京大学校长蔡元培竭力倡导美育，1917年蔡元培在《以美育代宗教说》一文中主张向社会和大众普及的美感教育和审美教育。"以美育代宗教说"因蔡元培先生的影响力被更多的学者复述，这不仅成为百年中国现代美育理论构建的重要起点，还为社会美育概念的提出和推行奠定了良好的基础。

10.1.2 社会美育的概念

"社会美育"是"美育"的二级概念。1922年蔡元培先生就在《美育实施的方法》一文中提出社会美育的理念，他认为："学生不是常在学校的，又有许多已经离开学校的人，不能不给他们一种美育的机会。"故将美育的施教范围由小到大划分为三个部分：家庭美育、学校美育、社会美育，三者构建成一个完整的美育体系。文章中用近三分之二的篇幅对社会美育进行重点论述，可见社会美育的重要地位。刘凤梧在《社会美育初探》一文中指出，一个人的一生是离不开社会的，社会美育是一个完整美育体系中不可或缺的重要组成部分，社会美育是通过对社会上各种载体的欣赏感受，通过客观认知来树立正确审美观点，同时培养创造美的能力的教育。强调社会美育重要性的同时，对社会美育的概念进行了界定。《教育大辞典》对社会美育定义为"对全社会成员普遍实施的审美教育活动"。汪宏在《社会美育的特性及其审美功能》一文中提出，社会美育是通过社会实践提高人们的审美能力，最终促成社会和谐进步的一种潜移默化的教育。指出社会美育在对象、内容、途径三个层面与家庭、学校美育的不同之处。讨论社会美育概念的同时，对社会美育的审美功能进行了概述。王玥在《设计赋能下社会美育活动策略及迭代方法研究》一文中扩展了社会美育的概念边界，指出社会美育的主体力量是各类政府公益组织和市场性的社会艺术机构，实践形态多样且自由，应与家庭、学校美育交融，指向一种终身性、开放性的思维教育，并基于此，提出了三者融合的方法论。依据以上学术观点，社会美育与家庭、学校美育既有区别也有重叠，可将社会美育界定为：在与家庭和学校不同的社会生活空间中，以各类行为活动为载体，对全体社会成员产生客观作用的美感教育。社会美育是为培养热爱一切美好事物感情的教育。

10.1.3 社会美育的内涵

社会美育强调依托社会的力量，由客观生活中的"美"激发人们对"美"的主观探索，由社会生活中的不断体验、感受生活之美推动内心世界对美的思考和追求，从而影响人们更好地认知个人、社会、国家乃至世界的联系，实现心灵美和形体美的统一。"美"会变成社会中的动力，使人们认识到自己与环境的联结，与文化的联结，与地球的联结。进入近代以后，社会美育成为民族复兴进程中不可或缺的重要板块。王国维先生认为"社会美育以美育为发端，旨在塑造新民以实现民族复兴，以塑造国民、改变社会"。与此同时，社会美育被赋予了政治哲学的正确指导意义。概言之，社会美育的内涵体现在客观存在和潜在发展两个层面，客观层面上是全体公众依托于社会对艺术审美、艺术修养、文化素养的感受，潜在层面上是全体公众内心对"审美标准""美的理想"的追求。

10.1.4　社会美育的特点

我国美育思想源远流长，近代"美育"由王国维先生引入、蔡元培先生倡导，中华人民共和国成立后被正式纳入教育方针，此后随着我国艺术人文环境的变化而变化。狭义上的美育体现在学校的学科教育中，2000年以后，社会美育备受关注。美育开始具有基于社会群众的广义教育功能，实施于学校范围之外，脱离学科性质，依托社会通过多种渠道向全体公众传达美育信息，引导大众审美，同时为社会的进步与发展提供内在动力。社会美育的发展改变了以专业院校、专家队伍为核心的专业性美育状况，将美育纳入完整国民教育体系当中，以各种艺术以及自然、社会中的美好事物为载体，潜移默化地挖掘全体社会成员的艺术潜力，激发对真善美的自觉追求，使全社会形成积极向上的社会新风气。因此对社会美育的内涵拓展具有以下三个特点。

一是社会美育作用对象的广泛性。广泛性主要体现在空间和时间两方面。空间范围方面，家庭美育的普及对象是家庭成员，学校美育的普及对象是学生。与家庭、学校美育相比较，社会美育普及对象更为广泛，包含家庭、学校美育的普及对象，是全体社会公众所共享的大美育。时间范围方面，家庭美育是人出生就接受，主要作用于人的童年时期；学校美育是人入学即接受，主要作用于人的青少年时期；社会美育是人始终接受，贯穿人的一生，主要作用于人成年之后。在人的儿童和青少年时期，不可能仅单方面生活在家庭、学校范围内，与社会的接触必不可少，故社会美育对全体社会公众来说具有终身性。

二是社会美育内容载体的多样性。社会美育的内容形式相比家庭美育、学校美育更加丰富。现阶段其多样性主要包括自然和人文两种属性。自然属性的内容载体主要是指自然景观，既为人们提供了审美对象来陶冶情操，又附加爱国主义和道德理想教育。人文属性的内容载体一般包括地方景观，如道路、建筑、名胜古迹、宣传场地等，兼具思想性和艺术性；

专设机构,包括美术馆、博物馆等公共文化机构,以及音乐厅、科技馆、电影院、动物园等文化经营场所;其他活动,如文艺演出、文艺展览、志愿者服务、社区活动等。

三是社会美育传播方式的渗透性。渗透性体现在两个方面,一方面是社会美育的覆盖性,社会美育覆盖在社会中的每个角落,社会文化环境、社会审美风尚都在潜移默化地影响着全体社会公众。即使是人的儿童、青少年时期,家庭和学校美育也不是全部,可见社会美育伴随人的一生。另一方面是全体公众的接受性。学不必教,学习是人的天性。从全体公众的角度看,其接受社会美育的方式与家庭、学校美育迥然不同,家庭、学校美育是被动接受,社会美育则是自主接受,如自发地走进音乐会、美术馆等,自主地感受艺术的魅力,这种自主接受自然而然地充盈在人的一生中。

10.2 社会美育的目标与任务

10.2.1 社会美育的演变

美学和美育的区别在于前者重学术,后者重实践。美育引入中国之时,国家正处于内忧外患之际,作为我国现代美育思想的先驱,无论是王国维先生还是蔡元培先生,都将社会改造作为美育的目标,对美育的重视与改造社会、振兴国家这一宏大命题息息相关。面对国家层面的生存危机,民族层面的振兴危机,个人层面的心灵危机,学者们开始探索救赎之道。20世纪初,在新文化运动的影响下,以蔡元培先生为代表的学者开始注意到审美与道德的内生关系,蔡元培先生曾在《美育与人生》一文中说"陶养的工具,为美的对象;陶养的作用,叫作美育"。美学专业理论本身是美育的基础,但它对于一般非专业人士来说较为艰深乏味,因此需要借助一些具象的美的对象来充当教育工具。随后蔡元培先生提出"美育救国"的著名观点,希望实现审美育人通往审美救国的美好愿景。中华人民共和国成立后,政府重视教育和文化建设,美育被明确写入了国家教育方针。21世纪以后,随着消费主义和文化热的兴起,美育在社会中进一步实践演进,大众开始追求美,美学走出单一的专业领域范畴。随着统筹建设社会主义精神文明,美育的"社会性"被凸显出来,以此实现全体社会成员对国家历史认同、审美文化共识的建设。现阶段，社会美育是国家治理体系中建设文化意识形态的一个重要手段。概言之，社会美育的目标始终都是构建和谐且文明的社会，依据不同的时代、国家、社会背景，其体现出的阶段性任务、实践渠道有所不同。

10.2.2　社会美育的目标

社会美育的目标是建设社会主义精神文明，提高全民审美素质、思想道德素质、科学文化素质。通过提升全体社会成员对美的感知和欣赏能力，提升个体和社会的审美水平，以此来构建和谐社会、文明社会、生态社会，实现共富共美。社会美育的目标可以通过个人、集体、社会、国家四个层面进行剖析。

个人层面，社会美育的目标是陶冶感情。感情是行为的原动力，高标准、高审美的感情基础是一个人做出伟大而高尚行为不可或缺的必要条件。通过社会中具体的有关"美"的实践，提高自身对美的感受力、鉴赏力及创造力，净化人的心灵，培养其高尚的兴趣爱好、良好的道德标准以及积极的人生态度，形成"美"的人格，实现个人的全面发展。集体层面，社会美育的目标是增强凝聚力。通过社会审美实践中感知不同人、不同方式对"美"的诠释，可以培养自身的审知力和同理心。同理心是人与人之间沟通的基础和桥梁，是指人在力所能及的范围内，尽量理解或分担另一个人的感觉和情绪的能力。在集体中，同理心沟通有助于成员之间的情感连接和信任建立，强化集体的凝聚力和创造力。社会层面，社会美育的目标是改善社会。审美在我国古代就被赋予了浓重的道德色彩，个人情操的高尚指引着社会走向安定有序。历史上许多艺术家、思想家、教育家大部分都承认美育对社会有积极作用，如颜文樑先生曾提出"谋艺术的进步，社会的改善"这一观点，可见通过美育建设，可达到社会改善的目的。国家层面，社会美育的目标是文化认同。1999 年 6 月中共中央、国务院为加快科教兴国战略的进一步部署，颁布《中共中央、国务院关于深化教育改革全面推进素质教育的决定》，明确了美育的教育地位。通过社会中具体的美育形态培养全体社会成员的文化自信和民族认同感，从而在国家层面上形成共同的文化理想和文化认同。

10.2.3 社会美育的任务

社会美育的任务是实施具体的审美内容、审美路径和审美方案，以此来达到提高全民审美素质的目的。社会美育的任务可以概括为四个方面：第一，社会美育的任务是培养和提高感受美的能力，感受美、发现美是审美活动的起点，爱护、发展个体的审美感受能力是最基本的任务。第二，社会美育的任务是培养和提高鉴赏美的能力，鉴赏包含"鉴别"和"欣赏"两个组成部分，在具备正确的审美观念的基础上，进一步锻炼个体欣赏美的能力。第三，培养和提高表现美、创造美的能力，个体对美的理解用不同的形式表现出来，就出现了审美创造行为。审美创造行为是社会美育任务的最高层次。具有创造能力的个体更容易产生审美改造行为的冲动，自然而然会出现更多的美的行为，有益于个人身心的健康发展。第四，培养和提高追求人生理想的能力，感受美、鉴赏美、欣赏美、创造美都是为了培养审美品位，优良的审美品位是一个人不懈努力追求高品质的生活、高尚的人生目标的永动力。

对应社会美育的目标，从个人、集体、社会、国家四个层面划分社会美育的任务。个人层面，社会美育的任务就是为全面地驱动人们追求"真善美"美好人生境界所做的主观努力。其中包括三个方面的内容：其一，善于发现社会中的美育；其二，形成正确的审美观；其三，从自身出发，诠释良好的行为习惯。这是人思维方式由"发现"到"诠释"的转变，由发现客观生活中的"美的事物"，到形成主观意识中的"美的标准"，再到个人行为中的"美的探索"，由体验、感受模式的强化推动思维、行为模式的内化。

集体层面，社会美育的任务是使个体认识到自己在集体中的价值，从而提高集体的凝聚力。审美是对美的感知和欣赏能力，好的审美观念能够提升个体的形象和气质，帮助个体在集体中展现出专业和自信的一面。一个人的形象往往会影响他人对其能力和素质的评判，良好的形象更容易获得他人的认可和信任。良好的审美能力能够让个体更敏感地察觉到他人的情感和需求，从而与他人建立更好的沟通与合作，这不仅提升了工作效率，还有利于集体的良性发展，从而达到增强集体凝聚力的目的。

社会层面，社会美育的任务是使个体树立高尚正确的价值观、行为方式和规范，帮助个体更好地融入社会的发展当中，从而促进社会的良性运转。社会美育毫无疑问就是为实现和滋养新时代有中国特色的社会主义文化自信和文化自觉这一过程和历史进程中的重要组成部分，可以认为是建立全社会的社会主义核心价值观的重要方式方法与途径。规划和按部就班地落实社会美育任务于我们这个具有悠久传统美育历史的国家而言，它的重要性就是善用具象化的意识文化形态建立具有同一性的文化自信和文化自觉，久而久之则会产生相似却又不完全统一的文化理想以及相应的认同感。深入整个社会而言来阐释，精髓之处就是利用具象化的文化实践以及浸润，建立有和谐氛围的社会文化与对应的人文环境。其中落实到对社会中的单独个体来说的话，重要之处就是利用具象化的人文氛围与美育情操，深化社会组成部分有关"美"的知觉力、鉴赏力和创造力，其重要的终极目标就是协力社会组成部分拥有"美"的梦想、"美"的意志，扩散"美"的风骨，形成"美"的操守，久而久之则会成长为"美"的人格，最终达到精神层面的自由和物质层面的全面发展，多点开花。

  国家层面，社会美育的任务是使个体积极学习，投身国家建设和发展的进程当中，增强文化认同。随着21世纪我国全面建成小康社会，随着中国共产党第十八次全国代表大会中"美丽中国"概念的提出，体现了我国生态文明建设的重要性，彰显我国发展理念从以经济建设为中心转变为经济、文化、精神建设三者结合发展。"仓廪实而知礼节"的时代已经到来，美育助力中国人民的身心全面发展，美育为国家提供文化保障的时代来临。美育教育成为确立文化自信、建设文化强国的重要手段，是民族文化复兴的重中之重。美育教育的任务是提升国人的审美素养，巩固文化自信，将中华文化发扬光大，建设文明强国的重要根基。

10.3　社会美育的实施

10.3.1　社会美育实施的演变

  新中国成立之前，美育仅出现在学校教育体系之中，从蒙学至中学皆开设了美术、音乐等艺术课程，在大学阶段设立了艺术专门系科，甚至是艺术专门学校，培养艺术专门人才一直存在于学校环境当中。但在当时的教育趋势中，人们更看重的是智育，相比之前，美育不论是在实践上还是理论上都是不被重视的。美育经过长达数十年的发展与实践，仍未达到理想的效果。为何如此艰难？原因颇多，理论观念的滞后、指导制度的不健全、基础设施的匮乏等，都是美育发展道路上的拦路石。鲁迅先生因曾担任教育部社会教育司科长职务，其所设想的普及设施为美术馆、美术展览会、剧场等；蔡元培先生曾在国家、社会层面上为社会美育设想了九种机构，包括美术馆、剧院、影戏院、历史博物馆、古物学陈列所、人类学博物馆、博物学陈列所与植物园、动物园，这九种机构都是公民进行审美活动的特定场所。除此之外，蔡元培先生还极其重视"地方、环境的美化"，他认为只要在人们生活中出现"丑"的形状，如生活用品、起居环境、社会环境等，美育就不完全。但上述学者的设想都未曾完全成为现实。

10.3.2 社会美育实施的问题

步入 21 世纪之后，人们更加重视社会美育，审美大众化已经成为社会发展不可避免的趋势。社会美育的发展转向实践，社会美育所包含的文化和精神内核逐渐改变。社会美育开始脱离学校和家庭，面向全体社会成员。社会美育的传达方式、传播路径也愈发不受限制，通过社会机构和社会实践活动来对全体社会成员进行审美教育，对引导全体社会成员的审美观念，树立正确的审美标准起着至关重要的作用。社会机构如美术馆、剧院、电影院等为人们的审美活动提供了良好的场所，同时通过各种社会实践活动丰富了人们提高审美的形式，全体社会成员的精神生活水平极大程度提高。美中不足的是，如今我国的社会美育依旧存在一定的弊端，社会美育的本身性质和其带来的价值并没有被大众所认识。当今社会上的美育教育还止步于文化实践活动当中，使社会美育的进展愈发"零碎化"。

（1）社会美育资源分配的匮乏

社会美育是社会教育范畴下的美育，首先，我们将社会美育归纳于社会教育领域进行探讨。在"美丽中国"的社会发展进程中，社会美育的构想是美好的，但由于多方立场难以统一目标，利益主体的不一致，越发使社会美育边缘化，为其分配的资源也较匮乏和零碎。

从政治政策的角度看，规范全面的规章制度对教育治理的影响尤为巨大。在现代化进程中被国家反复提及的政策议题是加强教育理念转变、重视美育的信号，但社会美育常处于被忽视的状态。在学术领域，通过对美育研究分析，发现更多的学术焦点集中于"学校美育"，被教育对象通常聚焦于教育体制之内的范围。社会美育的话语权常常被交付于学校美育的手中，在政策领域没有得到应有的关注及重视。2015年国务院办公厅印发的《关于全面加强和改进学校美育工作的意见》提出，要以全面加强和改进学校美育工作为主，建设学校美育和社会美育相互联系的具有中国特色的现代化美育体系。社会美育被作为学校美育的补充，成为学校美育延伸后的美育维度，与家庭美育并置。2020年中共中央办公厅、国务院办公厅印发的《关于全面加强和改进新时代学校美育工作的意见》中提到，要将美育纳入各级各类学校人才培养的全过程，统筹社会资源帮助改善办学条件。社会美育仅被强调用于加强美育的社会资源供给，联动社会公共文化实践活动服务于学校美育，社会美育被作为资源补充学校美育。可见政治政策上，社会美育的资源匮乏，缺少维护、健全社会美育的政策。

在学术理论支撑的角度看，从中国第一代美育倡导群体中王国维、蔡元培等学者提出"美育"概念的过程中，就可以看出中国的美育理论研究与社会实践、西方美学理论密不可分。美育的社会属性决定了美育将和各种社会实践活动息息相关，其社会活动的实践性大大增添了其理论上的多维性。从社会美育理论学者组成部分上看，美学理论研究者、艺术学理论研究者、社会科学论研究者、社会心理论研究者等共同组成了"社会美育"理论体系，不同领域、不同学科之间的理解，其统一的认知，是社会美育在全体社会群众间展开发展的前提基础。缺乏相关学科之间的美育理论连接，将会为社会美育带来理论障碍，导致其支撑理论的匮乏。

(2) 社会美育实践载体立场的差异

在复杂的社会环境中，社会美育的对象是全体社会成员，涉及多方不同领域、不同学科的群体和个人。在具体社会美育实践中涉及多元的利益主体，他们所对应的立场都存在一定的差异性，会削弱社会美育朝向一个方向发展的动力，难以形成合力。导致社会美育在发展的过程中总会被一部分主体不理解，使社会美育舆论众说纷纭，没有实现真正意义上的各行各业的群体共同追求"真善美"的境界，没有实现全体社会成员的相互融合和学习借鉴，使社会美育的处境游离在全体社会成员之间，飘忽不定。不同群体的不同立场导致社会美育资源的不均衡发展。

从社会美育不同实践载体的构成上看：空间层面包含自然风景区、生活环境、各类政府公益组织和市场营利机构，如博物馆、图书馆、美术馆等，空间层面的社会美育实践载体常有不规律、自由度高的特征；产品层面包含书籍、报刊、电影、文化演出等，产品层面的社会美育常有艺术性强、理念性强的特征。社会美育的实践载体形式丰富，已然成为人们日常生活的一大组成部分，潜移默化地影响人们的审美观念。不可否认的是，社会美育仍存在审美标准不一、被功利化的现象。以公共服务为导向的政府公益组织和以营利为目的的市场营利机构，其目的的不一致性将会导致社会美育带来的影响有好有坏。结果显示，虽都是社会美育的实践载体，但因立场、目的的不同，会表现出不一样的审美观点，难以形成有效发挥社会美育作用的合力。

10.3.3 社会美育实施的对策

社会美育实施的途径是多种多样的，多以社会生活体验为主，生活中的美育体验体现在方方面面。在社会生活的大情境下，通过个体的感受、互动，传达主流社会审美标准，与个体共情，从而形成自己的审美反馈。能够使这种体验最有成效的方法是使个体最大程度上去感受美，充分调动个体的感官。社会美育体验分为有意识和无意识的两种情况。有意识的审美体验依托于特定的艺术场所，需要个体主动欣赏艺术，是一种自发感受的行为。无意识的审美体验依托于美丽的环境，是无意识的、任何情况下都可以发生的审美感受。有意识和无意识的审美感受相互协调，助力于最终社会美育的良好效果。社会美育的重要性依托于社会的经济状况，经济发展水平高的社会，是社会美育良性发展的前提。社会美育学术理论的前瞻性为其实践提供指导价值。社会美育坚持以人为本，以提升个体的审美观念为目的，促进社会精神文明的现代化发展。如何抓住历史机遇有效实施美育，是值得政策制定者和教育工作研究者共同关注的重要议题。

（1）以个体的共同审美标准作为目标

在社会中建立个体的共同审美标准是实施社会美育的基本前提，就是全体社会成员针对"什么是美"这个问题的统一答案。假如这个答案是客观存在的，为什么有些个体认可的美的事物却不被所有人认可？假如这个答案是主观存在的，为什么会存在全体社会成员都认为的美的事物呢？这当中的"我"和"我们"答案统一的标准又是什么呢？

改革开放前，社会美育作为文化措施使群众朝向一个美好的历史目标而努力，改革开放后，社会美育融入我们生活的方方面面。随着互联网的发展，审美泛化成为趋势，"我们"脱离群体，以个体的形式发展，每个人都有自己的穿衣品位、行为标准、兴趣爱好等，社会美育在一定程度上略显暗淡。从这个意义上说，社会美育要以个体的共同审美标准作为目标，作为社会良性发展的前行方向，致力于在这个大目标下发展每个人的个性，在"我们"的发展方向一致的前提下，追求"我"的私人品位。

可以看出，有效区分主流的审美标准与个体的审美喜好是开展社会美育的重要性问题。审美动态存在于主观和客观之间。换句话说，这有点像在寻找客观存在的自身喜好与主观想象的美好世界之间的某种关联，认识社会美育是怎样在客观的差异性与主观的关系性之间保持平稳发展的。我们应该理解个体间的审美差异，也要承认社会存在的审美标准。社会中存在的主流审美标准是个体与个体之间刨除差异性、彼此靠近的一个桥梁。作为一个团体、一个社会要有统一的目标，才能源源不断地发展演变。这个桥梁，也就是社会中存在的主流审美标准，是社会美育发挥作用的重要舞台。一方面，融入个体生活方方面面的社会美育可以让个体时刻了解社会美育的主流审美标准是什么，引导个体反思自身，朝向主流审美标准发展，从而使个体更好地融入社会，促进个体自身的健康发展。另一方面，不同个体的差异性与社会美育的主流审美相互碰撞，也会为社会美育的主流审美带来波动和变化，反过来说，个体在一定程度上成为社会美育审美标准的缔造者，反而起到丰富社会美育的作用。此刻，个体不仅仅处于一个被动接受的状态。因此，以个体的共同审美标准作为目标，既有主动性也有被动性，与社会美育的良性发展息息相关。

（2）以理性和感性融合教育作为动力

社会美育的教育过程中应将理性教育和感性教育融合作为发展动力。20世纪初，席勒美育理念引入我国时，人们普遍将美育理解为情感教育，情感教育涵盖于感性教育内。审美活动的过程中，应在审美理性的框架下强调对审美感性的关注，目的是使每个独立的个体回归完整人性且找到自身的审美喜好。正如英国哲学家席勒提出的美育正是要在理性占主导的文化和教育中保护和发展人们的感性，以帮助人在不断获得的感性和理性中寻找一个平衡点，不断保持一个和谐完整的人格。虽然社会美育的本质是感性教育，但是感性教育的稳定性及长期发展性取决于人们所接受的理性教育。换句话可以理解为，有意识的理性教育引导着无意识的感性教育的发展，也就是影响着社会美育的发展。

社会美育的目标是追求人性的完满,追求人的全面发展。作为生活在社会大环境中的我们,无时无刻不在对各种事物反馈我们的感性。如今学术研究者和美育教育者也开始意识到情感、知觉、直觉等感性元素对人发展的重要价值。在这个信息爆炸的时代,人们很难集中注意力研究学习理论上抽象的道德,反而更多的是关注身边的人和事物,在感受和体验的过程中进行理性思考,从而达到转变自身审美观念,影响自身审美行为的目的。感性的审美和理性的分析并不是对立的,审美理性是存在的。对于个体而言,审美理性是一种自我反省意识;对于社会美育而言,审美理性是实践传达价值过程中勇于自我批判的使命和任务。社会美育的发展进程中的不断修正、不断完善,才能真正发挥美育的作用,从灵魂深处引导每一个独立的个体。

(3) 以政策与科技外源加强作为保障

社会美育的开展需要外界政策和科学技术的支持作为保障。政策是一个国家为了实现某一时期的目标和任务而制定的,社会美育的政策制定程度在一定意义上代表国家对社会美育的重视程度,代表一个国家要全面发展社会美育的决心。在任何一个国家,政策对教育的影响都是直接的、显著的,直接关系到教育的发展方向,整合教育资源决定教育资源的分配以提升教育质量。政策制定应基于充分的学术研究和论证,以确保其科学性和合理性。学术研究可以为政策制定提供理论依据和实证支持。目前我国对于社会美育的政策扶持力度是不够的,加上社会美育实施的过程中牵扯到多元的利益主体,需要政策规定将不同主体的利益价值统一,达成某种社会共识。在社会美育现代化进程中,政策的逻辑和实践的理论都发挥着重要作用,是影响社会美育发展和变革的重要保障。

社会美育应该重视科学技术的力量。随着科学技术的发展,人们的生活方式早已发生现代化转变,由于社会美育浸润在人们生活的方方面面,其实践方式也应随之变化。科学技术的发展为美育提供了更多表现形式和载体。数字艺术、虚拟现实、增强现实等技术的兴起,使得艺术作品不再局限于传统的绘画、雕塑等形式,而是可以通过更加生动、更加沉浸、更加直观的方式传达给观众,极大拓展了社会美育传播的空间。科技与美育的结合促进了不同学科之间的融合与交流,拓宽了美育的视野和边界。科学技术与美育的融合,促使科学与艺术之间的壁垒被打破,这不仅有助于提高人们的科学素养,还有利于培养人们的创新能力,从而树立更加全面科学的审美观念。

综上,社会审美以政策与科技外源加强作为保障,是提升社会审美教育质量和效果的重要途径。政策引导可以为社会美育提供制度保障和社会共识;而科技支持则可以丰富美育内容、创新美育方式并更新美育理念。两者相辅相成,共同推动社会审美教育的普及和发展。

第 11 章 美育浸润

在教育里有一种力量如无声的细雨,悄然浸润着心灵的每一寸土地,那便是美育。美育浸润是通过全方位、深层次、持续性地将美育融入学校教育、社会服务的各个环节和生活的方方面面,以达到潜移默化地提升个体审美素养和全面发展的目的。美育浸润强调的是一种润物细无声的过程。它不是短暂的、表面的美学知识传授,而是长期的、深入的对美的感知、欣赏和创造能力的培养。美育浸润是一个全方位、多角度的过程,它通过不断地影响和熏陶,使人们在不知不觉中提高审美水平,丰富精神世界,促进个体的全面发展和社会的文明进步。

11.1 美育浸润的概念与内涵

11.1.1 美育浸润的概念

2023 年 12 月 20 日教育部印发的《关于全面实施学校美育浸润行动的通知》(以下简称《通知》)要求,应在教育和教学的整个过程中融入美育,突出美育润物细无声的"浸润"作用。

从《通知》中的核心关键词来看,里面最核心的关键词就是"浸润"。所谓"浸润",是浸染熏陶、逐渐渗透、积久而发生作用的意思。在中国的传统文化背景下,"浸润"被视为一种带有审美和精神化特质的观念,它是一种面向人的特质、本质、规律和采取有效手段进行美育的教育活动。这种活动是从表面到深层,逐步渗透到人的心灵深处的。孔子提出的"兴于诗,立于礼,成于乐",便蕴含浸润式的美育逻辑。林语堂在《说乡情》中回忆道:"凡人幼年所闻歌调,所见景色,所食之味,所嗅花香,类皆沁人心脾,在血脉中循环,每每触景生情,不能自已。"这种念念不忘,也是一种美育浸润。中国美术馆馆长吴为山表示:"美育,应是一种超越功利而不为升学和考试而设置的课程,要在全社会多方面营造一种美育的氛围。"杭州西溪艺得美育创始人刘颐静认为:"《通知》使美育不再是教育中的附属内容,并从顶层设计上精准对接了美育的效果和实施路径。""浸润"这个词让人联想到一种环境感,只有让孩子们真正听、真正看、真正感受,才能实现美的具身体验,从而真正达到教育的目的。美育浸润即教育部《通知》中提到的:"将美育融入教育教学活动各环节,潜移默化地彰显育人实效,实现提升审美素养、陶冶情操、温润心灵、激发创新创造活力的功能。"

从美育浸润的概念组成来看,美育浸润实际上是美育与浸润式教学之间的有机结合。美育的目标使其与其他形式的教育目标有所不同,并展现出鲜明的感性与非量化特质。浸润式教学则强调在具体情境中培养人的情感,注重潜移默化。将浸润式教学与美育相结合的原因在于它们的特质相辅相成,为两者相融合的探索实践提供了可能性。浸润式教学最早起源于加拿大学者柯林·贝尔(Colin Baker)提出的"浸润式"双语教育法,旨在解决加拿大不同族裔的儿童学习双语的问题,从而帮助他们更好地融入多元文化社会。中国学者姜宏德将这一教学方法引进国内,并发展出更适合中国国情且广泛适用于多学科的浸润式教育新模式。刘艳娥和史湘平研究发现,将浸润式教学模式应用于高校体育专业的双语教学中,有助于提高学生的跨文化交际能力和专业素养。并且在浸润式教学的具体实施过程中,教师应着重关注以下几个方面:首先,创设真实的目标语环境,让学生在实际操作中自然地接受专业知识;其次,注重学生的个体差异,因材施教,以提高教学效果;最后,加强师生互动,促进学生的主动参与和合作学习。综上所述,浸润式教学模式在高校的双语教学中的应用已取得不错的成效,浸润式教育方法与我国培养具备核心能力人才的教育策略高度契合,而且在国内的英语和政治课程改革中已经体现出显著的效果。美育课程以其"润物无声"的独有特点,尤为适合展开浸润式教学方式。因此,如何更好地结合教育部的相关通知要求,依据当前我国高校的实际情况,循序渐进、由浅入深地培养学生审美能力、创新能力,以使学生获得整体的、协调的、沉浸式的美育认知体验,优化美育浸润教学策略,仍需进一步探讨和研究。

11.1.2 美育浸润的内涵

为更深入地理解美育浸润的内涵，从美育浸润的进程推动、体系构建、内容更新、教育普及四个方面分析美育浸润的内涵。

一是美育浸润进程推动。近年来，国家出台了一系列推动学校美育发展的重要文件。2010 年 7 月发布的《国家中长期教育改革和发展规划纲要（2010—2020 年）》明确提出，全面推进素质教育，改进美育教学，提高学生的审美和人文素养。2020 年 10 月，中共中央办公厅、国务院办公厅印发《关于全面加强和改进新时代学校美育工作的意见》，《意见》的出台意味着政府对推进美育工作的重视达到了全新的高度。2023 年 12 月，教育部正式发布《关于全面实施学校美育浸润行动的通知》，这份《通知》旨在深入推进和扩展中办、国办所发布的《关于全面加强和改进新时代学校美育工作的意见》，以全面推动学校美育工作的开展。

二是美育浸润体系构建。《通知》要求构建完善艺术学科与其他学科协同推进的美育课程体系，充分发挥艺术课程在学校美育中的主渠道作用，遵循美育特点，突出价值塑造，强化教学与实践的有机统一。深化美育与德育、智育、体育和劳动教育的结合，深挖并利用各个学科中所包含的丰富的美育资源，分学科推动制定美育教学指引。《通知》提出了八大行动，包括美育教学改革深化、教师美育素养提升、艺术实践活动普及、校园美育文化营造、美育评价机制优化、乡村美育提质发展、美育智慧教育赋能、社会美育资源整合。事实上，这是学校实施美育浸润的立体坐标。《通知》强调大力推进艺术教育教学改革，开齐开足上好艺术课程，将艺术教育的着力点放在发挥育人价值上，用美育改造并升华艺术教育，从而提升学生审美素养，实现价值塑造、丰富精神生活、完善人生品格、涵养文明言行、推动社会和谐。

三是美育浸润内容更新。《通知》中的主要创新举措为以下三点：一是《通知》更深入地理解学校美育的内涵，并将美育作为核心目标和实施路径，强调在教育和教学各个环节中融入美育理念。从而在潜移默化中展示出实际效果，达到提高审美修养、陶冶情操、温暖心灵和激发创新与创造活力的多重目的。二是《通知》首次明确了美育浸润学生、教师和学校三方面的任务，并设定了阶段性的实施目标，旨在构建具有中国特色的全覆盖、多样化、高质量的现代化学校美育体系。三是在推动学校美育的整体策略中，《通知》始终坚守问题和目标的双重导向。它基于理论与实践、方向与方法、守正与创新、共性与个性等多个维度进行了深入的综合研究和系统规划。在当前的基础上，它展望了未来，并系统地规划了美育浸润行动的核心任务和关键环节，为美育的推进提供了新的思路。

四是美育浸润教育普及。《通知》多次使用"全覆盖"来描述美育浸润领域的广泛格局，涵盖了从教学改革到资源整合等八大行动，体系化地推进美育在学校中的落实。这些行动不仅注重美育教学改革与教师素养提升，还强调了艺术实践活动的普及、校园美育文化的营造和评价机制的优化。同时，特别关注乡村美育的发展、智慧教育的赋能以及社会资源的整合，旨在构建一个全覆盖、多样化、高质量的现代化学校美育体系。

由此可见，美育浸润是一种教育方式，通过美的艺术形式和环境，对学生进行潜移默化的教育和熏陶，使他们在审美、情感、品德等方面得到全面的发展。这种教育方式强调美的无处不在，无时无刻不在影响和塑造人的心灵。美育浸润不局限于课堂教育，还包括校园文化建设、课外活动和社会实践等方面。通过美育浸润，学生可以培养良好的审美情趣，提高人文素养，塑造健康的人格，增强创新能力和实践能力。

11.2 美育浸润的目标与任务

11.2.1 美育浸润的目标

在新时代的美育教育改革中，美育浸润作为核心目标，意在通过系统规划和实践操作，全方位提升学生的审美能力和人文素养。美育浸润的目标分为两类：短期目标和中长期目标。

从短期目标来看，预计到2027年，主要聚焦以下几个方面：一是提升美育课程的教育质量，构建起学生全员参与的常态化艺术展演机制。二是初步形成跨学科整合的优质美育资源体系。这不仅需要改善硬件设施，更重要的是提升软件资源。通过在师范类专业中开设美育课程，确保覆盖面广泛，培养高素质的美育教育者。同时，对现有的艺术学科骨干教师进行系统培训，并设立学校美育名师工作室，为未来的美育工作奠定坚实的人才基础。此外，培育国家级示范性学生艺术团和特色示范学校，这些示范机构将在未来的美育推广中起到引领和示范作用，助力整体教育水平和氛围的提升。

在实现短期目标的基础上，再用 3～5 年的时间，中长期目标将进一步深化和拓展美育浸润的效果。这个阶段的主要任务包括：一是全面普及优质均衡的美育资源，将优质美育资源覆盖范围扩展到所有学生群体。二是大幅提升学生的审美能力和人文素养，使其不仅仅停留在感知层面，更深入精神和文化层面。三是进一步提高教师的美育素养，通过持续的专业发展和培训，教师能够更加灵活和深刻地实施美育教育。四是营造更加浓厚的校园美育氛围，使美育成为校园文化的重要组成部分，最终形成完善的学校美育工作体系和长效机制。以辽宁省为例，辽宁省利用红色"六地"资源优势，将美育融入各级各类学校的全过程人才培养，提出"大美育、全育人"的美育理念。该省的目标是，到 2027 年，美育课程的教育教学质量将得到进一步提高，各学段的美育内容将实现有机衔接，家、校、社密切协同，构建面向所有人的一体化学校美育体系。通过系统设计，确保师范类专业美育课程实现全覆盖，推动高等学校公共艺术课程普及，并实现中小学校"一校一品"艺术特色发展全覆盖。此外，全省将培育 30 个省级美育示范县（市、区）、200 个示范校和 60 个美育名师工作室。这些具体的行动计划为其他地区提供了典范，通过选树和推广跨学科、美育教学等优秀成果，进一步推动美育的深入开展和优质资源的共享。

在提升学生审美境界方面，美育不仅需要通过教学实践和理论学习使学生"诗意地栖居在世界之中"，更需要多种形式的亲身实践真正实现这一目标。注重学生的实践体验能够让他们在真实的体验中感受到美的力量，避免美育变得空洞乏味。为了让学生能够真正拥有审美体验，浸润式美育应紧密联系生活实践，潜移默化地影响学生。在具体实践中，需要改革美育课程设置内容，精选学生易于接触到的标志性成果，细化在语言运用、思维能力和审美创造方面的课程要求，有助于提高学生的主观能动性，使他们摆脱依赖现成理论和经验的惰性，培养独立思考和创造美的能力。

同时，美育浸润的评估体系也需要优化，避免量化、僵化和单一化的考核标准，应关注学生审美素养的实际提升和教育教学评价的可行性，通过多元化的评价层次引导学校和家长全方位关注学生的审美成长。因此，在理论研究和实践探索过程中，需要在审美理论研究和实践探索中保持审美独立性和意识形态属性的统一，同时融合高深的知识性和富有审美情感的特质，才能更好地实现美育浸润目标。

综上所述，美育浸润的目标不仅包括政策导向和具体实施步骤，更涵盖学生审美素养的全面提升和教育评价体系的优化。通过政策引导、系统课程设计、多元内容更新以及广泛教育普及，美育浸润在新时代教育体系中的重要角色得以凸显。期待在未来的实践中继续深化，并取得更加显著的成果。

11.2.2　美育浸润的任务

教育部在《通知》中明确提出了三项美育浸润任务：一是通过美育提升学生的文化理解、审美感受、艺术表现和创意思维等核心素质；二是通过美育增强教师的美育意识与素养，塑造人格魅力，培养美育情怀；三是通过美育推动校园文化建设，营造日常化的美育环境。这一系列任务展现了美育的多个层面和目标，既面向个人又面向集体，旨在构建一个综合性的、可持续发展的美育生态系统。

一是关于美育如何"浸润"学生，这一任务需多渠道、多层次地渗透到学生的学习和生活中。杨向荣（2024）认为，通过经典文学作品欣赏、名画鉴赏课程以及日常生活中的美学体验，培养学生的审美认知和艺术鉴赏能力，是教育的重要组成部分。毕小君、聂磊（2023）指出，应该建构以艺术学科为基础，各学科教学、跨学科教学和专业教学协同助力的美育教学体系。如在语言类学科中，通过经典诗歌和文学作品赏析来提升学生的语言美感和修辞理解力；在理科类学科中，通过物理现象和实验的美学解读，增强对科学和自然之美的体认。除此之外，丰富的课外艺术实践活动也不可或缺，这包括组织音乐会、戏剧表演、书法比赛、绘画展览等，让学生在沉浸式体验中提高艺术表现和创意实践能力。

二是美育对教师的"浸润"同样至关重要。教师不仅是美育的传递者，更是推动者，其自身的美育素养和意识直接影响到美育的效果。周信达（2024）认为，通过系统的培训和研修，可以提升教师的美育素养和理解力，使他们能够更好地将美育理念融入日常教学中。建议定期组织美育培训班、工作坊和交流会，并设立美育教研组，让教师有更多的机会进行合作和分享，共同探讨美育教学的难点及解决方案。此外，通过引进和培养资深美育教师，开展教师轮岗与交流机制，不仅能够提升美育教师队伍的整体素养，还能将优质的美育经验在不同学校之间广泛传播和共享。此外，在教学过程中，鼓励教师创新教学模式，探索利用虚拟现实（VR）和增强现实（AR）技术等现代科技手段，实现沉浸式的美育教学体验，这不仅能提升学生的学习兴趣，还能让他们更加直观地感受到美的力量。

三是在美育如何"浸润"学校方面，各学校需要通过营造充满艺术氛围的校园文化和推进多样化的美育活动，使美育教育深入渗透到日常校园生活中。这包括注重校园环境的美化，通过艺术作品的展示和校园文化节的举办，激发学生对美的兴趣和追求。建设校园博物馆或美术馆，定期举办艺术展览和讲座，使学生在日常生活中常态化地接触到丰富的艺术资源和文化珍品。此外，应通过强化艺术课程体系建设，探索跨学科美育教学与人文课程结合，形成多学科协同发展的美育格局，进一步提升学生的综合素养。

就具体实施而言，辽宁省在整体框架内提出了更加细致的六项主要任务：深化美育教学改革、普及艺术实践活动、提升美育浸润实效、完善美育资源共享机制、提升教师美育素养以及健全美育评价制度。每一项任务都对应具体的子任务，确保美育工作的全面落实和有效推进。深化美育教学改革方面，首先是要确保美育课程的充足开设，并推动课程体系的一体化和课程内容的深化改革。这是让美育成为学生日常学习一部分的重要举措。其次，普及艺术实践活动需要建立健全的艺术展演机制，营造良好的校园文化氛围，并加强中华优秀传统文化的传承。通过多种形式的艺术实践活动，丰富学生的校园生活，让他们在实践中感受艺术的魅力。在提升美育浸润实效方面，辽宁省提出了完善艺术人才一体化培养模式和加强美育帮扶管理服务的策略。通过系统的培养计划和完善的服务机制，确保学生能够获得持续的艺术教育支持。这不仅体现在对优秀艺术学生的培养，也包括对偏远或贫困地区学生的美育帮扶，确保美育的公平性和广泛性。此外，完善美育资源共享机制也是一个关键领域。通过探索建立美育教师共享机制，强化美育智慧教育赋能，整合社会美育资源，可以有效地突破资源瓶颈，提升资源利用效率。创建区域性美育教师共享平台，有助于实现优质共享，整体提升教育水平。提升教师美育素养方面，需要通过建立美育教研一体化机制和强化教师队伍建设，确保教师能够不断更新知识和技能。辽宁省还提出，在此基础上开展示范项目评选，树立优秀教学典范，激励更多教师投入美育教育。健全美育评价制度方面包括推进中小学艺术评价改革和完善高校公共艺术课程评估机制,确保美育教学质量的规范化和标准化。

综上所述,教育部《通知》提出的三大任务,再到辽宁省细化的六项主要任务,形成了一个层层递进、覆盖全面的美育实施框架。面向未来,在现代教育技术和社会资源的支持下,美育的全面实施将不断提升我国教育质量,培养出能够全面发展的高素质人才。通过这些努力,美育不仅是一种教育理念,更将成为一种教育方式,深刻影响每一位教育参与者的成长与发展。

11.3 美育浸润的实施

美育浸润的有效实施对于提升学生的审美素养和培养全面发展的素质人才至关重要,是现代教育的重要组成部分。为了实现这一目标,学校和教师应当根据实际情况进行策略选择,以系统、科学的方法推进美育的实施。以下提出六种主要实施策略。

11.3.1 理念引领策略

美育在现代教育体系中的重要性无需多言,不仅仅是教授艺术知识,更是对学生全方位的素质提升。因此,学校和教师要深刻认识到美育在学生成长中的作用,贯彻"课程融美,美课育人"的理念,将美育理念渗透到所有学科的教学之中。美育不只在于独立的美术课、音乐课,也应融入语文、数学、历史等多学科教学过程中,通过丰富的课内外活动,让学生在广泛的学习过程中感受美、体验美。教师作为美育的直接推动者,须具备较高的审美教学能力,利用艺术作品、自然景物、社会生活中的美育元素,灵活运用各类教学资源,引导学生在感官、情感和智力层面全面体验美。这不仅提升了学生的审美鉴赏能力,还能促进他们的创造力。例如,语文教师可以在文学作品的讲解中,引导学生欣赏文字和情感之美;数学教师可以通过几何图形和美学算法,帮助学生感受数学中的和谐美。以上策略目的是实现美育无处不在,使学生在多学科学习中均能受到美的熏陶,从而全面提升其审美素养和创造力。

11.3.2 资源开发策略

法国雕塑大师罗丹说过:"美是到处都有的,对于我们的眼睛不是缺少美,而是缺少发现。"美育资源在学校和社会中随处可见,关键在于如何充分发现、开发、挖掘、整理和应用。美育不仅存在于课堂之内,更应走出课堂,融入实际生活。

校内资源:学校应充分挖掘和整合校内资源,如校园绿化、建筑设计、道路布局、课外艺术活动等。通过绿化亮化工程、建筑物艺术设计、道路景观布置、功能区分划分,使校园环境本身成为美育的载体。在班级和宿舍的环境设计中,融入各种美育元素,引导学生发现和欣赏身边的美。同时,还可以在校园内设立艺术长廊,展示学生和教职工的艺术作品,增强校园的文化氛围。

社会资源:学校与当地文化艺术场馆、文艺院团、公共图书馆等机构合作,组织学生参观访问,开展互动美育活动。与家庭协作,鼓励家长参与到孩子的美育过程中。加强学校与国际美育资源的对接,开展中外艺术夏令营、联合演出等项目,借鉴国外优秀的美育资源和经验。这样不仅拓展了美育的外延,还能通过国际合作提升学生的审美视野和艺术素养。通过多渠道、多形式的资源整合和开发,丰富美育的内容和方式,使美育浸润在学生的日常学习和生活中无处不在。

11.3.3 活动组织策略

有成效的美育活动需要教师具备强大的组织与策划能力,根据学生的兴趣、年龄特点和学习需求,灵活设计和组织多种形式、内容丰富的美育活动。这些活动不仅包括传统的艺术表演、创意工作坊、参观展览,还可以开发一些创新的体验式、互动式活动。

形式的多样性:像戏剧演出、音乐会、舞蹈表演等,为学生提供展示艺术才华的舞台。通过创意工作坊,学生可以在教师的引导下动手制作艺术品,培养想象力和创造力。参观艺术展览,让学生在真实的艺术环境中体会艺术的魅力。同时,还可以举办艺术沙龙,邀请艺术家和文化学者与学生面对面交流,使学生进一步开阔眼界、提升修养。

实践的重要性:美育活动要注重实践,通过实际参与让学生深刻感受到美的存在。学校应建立艺术社团，丰富社团活动的内容，使不同兴趣爱好的学生都能找到适合自己的美育活动。像书法、国画、油画、版画、雕塑、乐器演奏、舞蹈等传统艺术形式，可以通过定期举办展演活动，使学生在实践中提升技艺，感受艺术的美好。

跨学科合作：美育不应局限于艺术学科，教师应与其他学科教师合作，将美育元素灵活融合进各类课程中。通过跨学科的美育活动，参加艺术与科技结合的创意设计大赛、历史与艺术结合的古建筑欣赏与分析等，扩大美育的影响，提升学生的综合素质。

11.3.4 环境氛围策略

创建一个充满美育氛围的校园环境需要从多个维度入手，不仅包括物理环境的优化，也包括心理和文化环境的构建。首先，学校应注重校园文化标识系统的设计和管理，使其不仅具有实际功能，还能够传递出浓厚的艺术情感。通过学习校训、校徽、校园历史介绍等文化标识系统，学生能够感受到学校独特的美学价值，强化文化认同感。其次，心理氛围的营造同样重要。学校应通过建立开放包容的校园文化氛围，促进学生心理健康和情感共鸣。通过引导学生参与校园公益活动、文化沙龙和艺术讨论等，促进学生之间的情感交流和共鸣，从而间接提升他们对美的认识和感受。学校还可以设立心理咨询室和心灵休憩区域，通过专业咨询和温馨环境帮助学生消除压力，感受校园之美。此外，师生互动氛围的构建尤为关键。教师不仅是知识的传递者，更是美育精神的引导者。在日常教学中，教师应注重与学生的互动，关注学生的情感体验和个人发展，通过关怀和支持，营造一种温暖、和谐的师生关系。这种关系能够激发学生的内在美感和艺术潜能，推动美育的自然融入。校园还应重视传统文化的弘扬与现代艺术的结合。通过主题文化活动和节日庆祝，弘扬传统文化精髓和现代艺术创新，为学生提供多样化的审美教育体验。如校园内可以设置国学角、茶艺室等传统文化体验区，结合时尚艺术展览和新媒体艺术互动装置，让学生在接触传统文化的同时，也能够感受现代艺术的魅力。

11.3.5 技术赋能策略

信息技术的快速发展为课程美育的实施提供了新的机遇。学校和教师可以利用互联网技术，建设在线美育课程和虚拟美术馆等数字化平台，为学生创造多元且丰富的学习体验。通过现代化技术手段，如虚拟现实技术、新媒体艺术等，不仅丰富了美育的形式，还提升了学生的交互性体验和沉浸式学习效果，增强学生的审美判断力和创造力。

在线课程和资源平台：学校可以建立在线美育课程和资源平台，提供优质的艺术教育资源，方便学生自主学习和探索。通过建立虚拟美术馆、数字图书馆，让学生随时随地欣赏世界各地的优秀艺术品和专业资料。通过线上课程，学生可以学习到更多艺术知识和技巧，拓宽艺术视野。学校可以与一些知名在线教育平台合作，开发和共享高质量的在线美育课程，并通过在线测评与互动平台，使学生在学习过程中得到及时的反馈和指导。

互联网和新媒体：利用互联网和新媒体技术，开展跨学科的美育教学和交流。通过社交媒体平台分享和展示学生作品，开展线上艺术交流活动，丰富学生的美育社交和学习互动。虚拟现实技术和增强现实技术的应用，可以让学生在虚拟环境中进行沉浸式的艺术创作和欣赏，提高学习兴趣和效果。在虚拟现实技术支持下，学生可以"走进"世界著名美术馆和历史遗址，体验真实的艺术场景和文化氛围。通过数字化转型，推动美育的创新发展，不仅能拓展课程美育的空间和形式，还能在交互性、沉浸式的学习环境中提高学生的审美判断和创造力。在美育课堂上，教师可以使用虚拟现实技术定制个性化学习内容，使学生在虚拟空间中进行艺术创作和欣赏，获得更加沉浸式的学习体验。学校可以通过网络平台举办全国范围内的艺术比赛和展览，拓宽学生视野，激发学生创造力。同时，教师需具备一定的技术应用和创新能力，运用新媒体和虚拟现实等现代技术手段，开展跨学科的课程美育教学。以东北大学美育浸润为例，2019年以来，以教育部人文社科基金项目"基于互联网的贫困地区美术创新教育生态研究"为平台，充分利用互联网技术赋能，大力推进公益性美育教育进乡村，目前已覆盖16个省、约400家乡村小学，直接受益儿童约16万人，使广大农村儿童能够共享文化发展成果。

11.3.6　评价激励策略

美育评价是一项复杂的工作，需要关注学生的知识掌握情况、审美体验、情感态度和创造力的发展。有效的评价机制能激发学生的学习兴趣，提高美育教学效果。完善的美育评价体系应包含多维度、综合性的评价指标，全面考查学生的美育表现及其作品的创意和艺术价值。学校可以通过组织全员艺术素质测评，以评促润，以提升学生的美育核心素养；通过教师美育素养提升计划，提升教师的美育意识和教学能力；通过校园美育氛围建设，浸润学校整体美育环境。具体来说，评价内容应包含艺术课程设置及实施、艺术教育课后服务、学生掌握艺术专项特长、与其他学科协同推进、条件设施设备配置、师资队伍建设、师生艺术教育成果等多方面。评价标准需科学合理，既不能太低，容易达成；也不能过高，难以实现。要根据国家艺术课程标准，改进评价方法，注重实际效果。可以通过实施学生、家长、教师、社会多元化评价方式，开展过程性评价，注重体验性评价，关注结果性评价，避免仅用分数和排名进行评价。例如，学校可以积极策划并组织学生参与艺术作品展览活动。在这样的活动中，学生不仅有机会展示自己的创作成果，还能通过相互观赏与交流，深刻理解艺术创作的过程与乐趣。通过科学合理的评价方式，不仅能够实际考查学生的美育水平，还能够在引导和激励学生方面起到积极作用。学校可以建立奖励机制，对在美育活动中表现优异的学生进行表彰，激励更多学生积极参与美育项目。同时，通过定期反馈和总结，帮助学生认识自身的优点和不足，不断改进和提升。可以通过艺术展览、作品评比、艺术专题讲座等形式，对学生的美育成就进行展示和评价，增进学生的自信心和创作动力。此外，通过建设学生艺术档案，将美育评价纳入学生综合素质评价系统，记录学生在美育活动中的表现情况，全面促进学生的个体成长和全面发展。通过合理的评价机制，充分激发学生的艺术潜能，推动美育在学校教育中的深入实施。

第 12 章 美育与国际视野

美育不仅是对美的欣赏和创造，更是一种跨越语言和地域的情感交流与思想碰撞。国际视野为美育打开了一扇通向多元文化的大门，有机会领略世界各地丰富多样的艺术形式、审美观念和文化传统，每一种文化都为美育的画卷增添了独特的色彩。美育的国际视野为探索美育广阔的国际天地、丰富美育的内涵、培养具有全球眼光和跨文化交流能力具有重要意义。

12.1 国外美育的发展

12.1.1 国外美育发展的历程

（1）美育的起步奠基

西方的美育发展可以追溯到古希腊和古罗马时期。在那个时期，哲学家、艺术家和教育家开始探讨美的概念及其在教育中的重要性。柏拉图在其著作《理想国》中提出了关于教育和美的理念。在《理想国》中，柏拉图通过对话的形式探讨了一个理想的社会和政治制度，并将教育置于其中心位置。他认为，通过合理的教育体系可以培养出具有高尚品格和智慧的公民，从而促进社会的和谐与进步。他强调通过音乐、舞蹈、绘画等艺术形式的学习和欣赏，可以培养出人的灵魂和品格，使其追求真善美，并建立起对美的感知和理解能力。柏拉图认为，美育不仅可以提高个体的审美水平，还可以促进道德和智力的发展，从而造福整个社会。柏拉图认为美与善等同。毕达哥拉斯主张将音乐作为教育的一部分，认为通过学习音乐可以培养人们的智力、品德和身心健康。他认为通过音乐的学习和体验可以促进个体的全面发展和社会的和谐进步。他的理论为后世的音乐教育和美育研究提供了重要的启示。随后的文艺复兴时期，欧洲经历了艺术、科学和文化的全面复兴。众多杰出的艺术家如达·芬奇、米开朗基罗等相继涌现，绘画、雕塑、音乐等艺术形式得到了广泛的推广和深入的发展。

(2) 美育的快速成长

在 18 世纪的启蒙运动中开始真正系统地思考美育，并将其纳入教育体系中的工作。启蒙运动时期，人们开始强调理性、自由和人权。教育被视为培养公民素质和人类理想的关键工具之一，这些理念也影响了美育的发展，教育开始更注重个体的全面发展。启蒙思想家如伏尔泰（Voltaire）、卢梭（Rousseau）等强调了教育的重要性，并提倡在教育中注重美的培养。席勒在《美育书简》(*Letters on the Aesthetic Education of Man*) 中首次明确提出美育的内涵及价值。席勒的《美育书简》是现代性的审美批判的第一部纲领性文献，他认为美育是实现社会改革和获得人性自由的重要途径，他强调美的意义、美的价值以及美对人类精神和社会的作用。席勒认为，美育不仅仅是指学习艺术或欣赏美的技巧，更是一种精神的提升和完善的过程。他认为，通过美的体验，人们可以超越现实世界的琐碎和局限，接触到更高层次的存在和普遍的真、善、美的境界，只有审美教育才能实现人性的和谐统一。

(3) 美育的繁荣发展

19 世纪末和 20 世纪初，欧美各国开始建立专门的美术学校和美术教育体系，为培养艺术家和设计师进行系统的培训。许多艺术学院和学校如皇家艺术学院、巴黎国立高等美术学院等相继建立，这些学校提供了系统的艺术教育，强调绘画、雕塑、建筑等技巧的培养，同时也涵盖了艺术史、美学理论等方面的知识，也为艺术家和设计师的培养提供了重要的平台。这也推动了美术教育在普通教育体系中的地位提升。同时各种艺术运动和学派如印象主义、立体主义、表现主义等的出现也丰富了西方艺术教育的内容和形式。在 20 世纪，随着现代艺术的兴起，教育方法也发生了变革。教育者开始强调创造性思维和个体表达的重要性，艺术教育不再仅仅传授技术，更加注重学生的艺术感知、批判性思维和创新能力的培养。

西方美育经历了繁荣发展的阶段，许多美学家、教育家和心理学家开始研究美育理论，并提出了各种各样的观点和方法。例如，约翰·杜威（John Dewey）提出了体验式学习和艺术教育的理论，认为通过实践和创造性活动可以促进学生的发展。著名教育学家霍华德·加德纳提出的多元智能理论中指出，人类的智能不是单一的，而是多元化的，包括语言智能、逻辑数学智能、空间智能、音乐智能、身体动态智能、人际智能和自我智能等。每种智能都代表了一种能力或潜力，可以在特定的文化和社会环境中得到发展和表现。在美育方面，这意味着艺术教育不仅仅是培养艺术技能，更是通过不同形式的艺术表达和学习，促进个体多方面智能的发展。

（4）美育的多元创新

在当代，随着全球教育领域发生深刻变革和广泛发展，艺术教育不断进行改革和创新，更加注重培养学生的综合能力、创造力和社会责任感。美育不仅包括传统的绘画和雕塑，还涵盖了影视艺术、数字艺术、表演艺术等多种形式。数字技术的发展也为艺术教育带来了新的可能性，推动了艺术教育与科技的融合。随着全球化进程的推进，各国之间开始交流和借鉴美育理念和实践经验，形成了多样化和丰富的美育发展格局。联合国于2015年发布的《2030年可持续发展议程》强调了教育在实现可持续发展目标中的关键作用。该议程非常重视优质教育，特别是可持续发展目标4（SDG 4），旨在提供包容、公平和卓越的教育体验，从而为所有人提供终身学习机会。因此，从基础教育到高等教育，许多国家都将艺术教育纳入教学计划，并鼓励学生参与各种艺术活动，以培养其创造性潜能。

另外，西方的美育也逐渐趋向于跨学科发展，将艺术与科学、技术、工程和数学等领域结合起来，推动创新和综合性思维能力的培养。如全球 STEAM 教育运动将科学、技术、工程、艺术和数学五个学科有机地整合在一起，强调它们之间的相互关联和互补性。通过跨学科学习和项目实践，学生得以深入探索和理解世界运作的多样性和复杂性，从而培养其解决问题和创新的能力。这种学习方式不仅仅是知识的传授，更是通过整合不同学科的知识和技能，帮助学生建立更为全面和深刻的认知模型。通过跨学科的学习，学生能够在现实生活中应对复杂的挑战，从多个角度思考问题，并寻找创新的解决方案。项目实践则提供了一个实验和应用这些知识的平台，让学生能够将理论知识转化为实际能力和技能。

在当今全球倡议的推动下，优质教育的范畴已经超越了传统的学术知识和技能传授，而扩展至更广泛的领域，包括重视美育的重要性。越来越多的国家认识到，美育不仅仅是教授艺术技能的过程，更是培养创造力和创新力的关键途径。美育，作为推动个体全面成长与社会持续发展的核心力量之一，其重要性不言而喻。它不仅仅在于课堂，更贯穿于人的生活的每一个角落。美育如同一把钥匙，开启了学生们无限可能的创新创意之门，让他们成为既具有创新思维又具备强大适应能力的杰出公民。

综上所述，国外美育的发展历程从古代一直延续到现代，经历了从宗教和政治象征到个体表达和创新的重要转变。美育不仅在艺术领域发挥着至关重要的作用，同时也在教育改革和社会发展中扮演着推动和引领的角色。随着时间的推移，美育的定义和范围逐步扩展，不再局限于传统的绘画和雕塑，而是包括了音乐、戏剧、舞蹈等多种艺术形式的教育与推广。这种全面的美育理念不仅致力于培养学生的艺术技能，更注重激发其创造力、批判性思维和情感智力的发展，使他们能够在现代社会中积极参与和独立思考。因此，美育不仅是文化遗产的传承者，也是推动社会进步和个体成长的重要驱动力。

12.1.2 国外美育研究现状

笔者以 Web of Science（WOS）核心合集数据库为英文文献来源数据进行检索。检索方式为"主题"，"主题"为"aesthetic education"（美育）或"art education"（艺术教育）。检索文献发表时间为 2013 年 1 月 1 日到 2023 年 12 月 31 日，文献类型为"article"（文章）或"review"（评论），语言类型设置为"English"（英语），剔除报告、通知、期刊评论、新闻以及与主题无关的文献，最终纳入英文文献 1473 篇。通过分析国外发表的美育相关英文文献的时间分布特征，可以深入了解美育领域的发展速度和趋势。美育研究的发文量趋势经历了两个显著的阶段。首先是 2012 年到 2017 年的第一阶段，这一时期美育研究的文献相对稳定，呈现出波动的态势。随后是 2018 年到 2023 年的第二阶段，特别是从 2018 年到 2022 年，美育研究文献呈现出显著的快速增长趋势。然而到了 2023 年，发文量突然骤减，总发文量从 219 篇骤减至 124 篇。

美育研究的跨学科性也得到了充分体现，涵盖了教育学、艺术史、心理学、社会学等多个学科领域。这种跨学科的研究特征不仅丰富了美育理论的内涵，还促进了不同学科之间的学术交流和合作。

在研究内容方面，美育相关文献涉及的主题广泛多样，包括教育政策、教学方法、学生发展以及艺术作品分析等多个方面。许多研究关注西方各国的美育教育政策和体系，探讨政府、学校和社会组织在美育领域的角色和作用。其中涉及美育教学标准、教师培训、资源分配等方面。

一些学者专注于研究西方美育的教学方法与实践，旨在探索有效传授艺术知识和技能的策略，以激发学生的创造性和表现力。他们的研究内容涉及多种教学方法，如项目式学习和探究式学习，这些方法强调学生在实际项目中的参与和主动学习过程。此外，还探讨了跨学科整合的重要性，即如何将不同学科的知识和技能融合，为艺术教育提供更丰富和全面的学习体验。如李敏贞在《生活中多元文化艺术教育的审美方法》（An Aesthetic Approach to Multicultural Art Education in Life）中通过深入探讨文化认同及相关理念，深刻地阐释了多元文化艺术教育在日常生活中的美学方法。其中尤其强调了仅仅局限于课堂内的艺术实践往往会限制多元文化艺术教育的广度和深度，深入分析了多元文化艺术教育的实际意义及其对个体和社会的潜在影响。

部分研究还深入分析了基于现代主义审美理论知识的主要挑战，并探讨了通过整合性和合作性感知方式来理解美学的方法，这些方法帮助学生重新构想自身生活并培养实践能力。研究还提供了多种美学方法的具体示例，旨在引导未来进一步的研究并促进这些方法的实际应用。当前，数字技术在美育中的应用也成为研究的热点之一，学者们探索利用新技术如何增强艺术教育的交互性和创新性。这些研究不仅关注技术本身的应用，还探讨技术如何改变教学模式和学生学习体验的方式。这些学术研究丰富了我们对于美育教育方法多样性和实效性的理解，为推动艺术教育的创新和发展提供了理论和实践的指导。

此外，部分研究专注于审视学生在美育领域的发展和绩效评估，深入探讨艺术教育对学生认知、情感、社会及身体发展的多层面影响。具体研究内容涵盖了学生审美感知能力的培养、创造力的激发与发展、自我表达技能的提升，以及团队合作能力的促进。这些综合研究成果有助于深刻理解艺术教育在促进学生整体成长过程中的潜在影响及其在教育实践中的重要性。

还有大量研究深入分析了艺术作品的解析和鉴赏，探讨不同艺术形式，如绘画、雕塑、音乐、舞蹈、戏剧等的风格、主题、技法及其深层意义。这些研究内容涵盖了对艺术作品的深入分析和解读，旨在揭示其在文化和审美层面上的重要性和影响。还有许多研究关注美育在社会文化中的地位和功能，探讨艺术教育对社会和文化的广泛影响。这些研究涵盖了艺术教育在社会中的社会价值、文化遗产的传承、文化多样性的促进以及社会平等的推动等多个方面。这些研究不仅加深了对艺术教育在社会和文化发展中的作用的理解，同时也拓展了对美育实践和政策制定的认识。

综上所述，西方美育的研究涉及多个学科领域，内容丰富多样，从教育政策到教学方法，从学生发展到艺术作品分析，涵盖了美育教育的方方面面。这些研究为我们深入了解西方美育的发展现状、问题和趋势提供了重要的参考和启示。

12.2 美育的国际视野与比较

自 20 世纪以来，西方多数高等院校愈加深刻地认识到全面发展的重要性，其核心在于对全面发展教育理念的深刻认同与践行。高校不再拘泥于传统单一学科的孤岛式发展，而是更积极地拥抱多学科交叉融合的新时代浪潮，这不仅极大地拓宽了学术研究的边界，也促进了知识体系的多元化与综合化。在这一背景下，美育作为连接理性与感性、知识与情感的桥梁，其重要性日益凸显，成为当代高等教育体系中不可或缺的一环。美育的内涵与外延得到了前所未有的拓展，西方多数高校美育教育聚焦于塑造学生的审美感知力、激发学生的创新思维、强化其社会责任感。致力于引导学生以美的眼光审视世界，以美的情怀拥抱生活，以美的力量推动社会进步。同时还有部分院校与时俱进积极融入现代科技元素，实现了教学模式的创新与升级。通过虚拟现实、增强现实、人工智能等前沿技术的运用，为学生提供了沉浸式的学习体验。此外，部分西方高校还注重将美育与跨学科知识深度融合，构建跨学科的美育课程体系。这种跨学科的融合不仅丰富了美育的内容与形式，也促进了不同学科之间的交流与碰撞，为学生提供了更为广阔的视野和思维空间。学生们在这样的学习环境中，能够自由穿梭于艺术、科学、人文等多个领域之间，实现知识的融会贯通与能力的全面发展。

12.2.1 美国的美育课程设置和教学模式

美国出台了多项有关艺术教育的政策，这些政策旨在促进艺术教育在学校和社区中的发展，并确保所有学生都有机会接受全面的艺术教育。如 1994 年，美国政府出台了《艺术教育国家标准》，其中着重强调："全体学生，无论其背景如何，有无天赋或残疾，都有权享受艺术教育及其提供的丰富内容。"这为全体学生科学合理地安排艺术课程资源提供了政治保障，也为美国后来艺术教育的飞速发展奠定了良好基础。2014 年，美国推出了最新的《国家核心艺术标准》，通过五个方面确立艺术教育的培养目标，在艺术教育课程设计和体系架构上更加强调培养学生自主创造的能力。

在美国，高等教育体系广泛采用多元化与包容性的策略，通过实践导向的课程体系与教学方法，积极促进学生在美育领域的全面发展与创新能力的培育。这些教学模式鼓励学生跨越传统学科界限，通过创意性表达与跨学科探索，深化对艺术多样性及其内在价值的理解。在课程设计上注重多样性，涵盖视觉艺术、音乐、舞蹈、戏剧和媒体艺术等多个领域，确保学生能够全面接触不同形式的艺术表现。同时，实践导向的教学模式强调动手实践和真实项目的参与，使学生在实际操作中积累经验，提升技能。如哈佛大学艺术与人文科学学院拥有广泛的美育课程和艺术研究机会。其教学模式包括实践导向的课程和项目，鼓励学生在创意表达和艺术实践中探索。2016 年《哈佛大学通识教育评价委员会调研结项报告》中提出，"哈佛大学的通识教育课程的目标是培养能够在不断变化的世界形势中保持责任感和伦理道德的学生"。纽约大学艺术与科学学院提供了多样化的艺术和文化课程，涵盖戏剧、电影、音乐、视觉艺术等多个方面。

12.2.2 德国的美育课程设置和教学模式

2021 年德国发布的《柏林可持续发展教育宣言》中强调，教育不仅是传授知识的过程，更是培养学生可持续发展理念、技能和价值观的重要手段。宣言提倡跨学科的方法，将可持续发展理念融入各个学科的教学中，政策的支持大力推动了高校教育模式的改革。政府和相关机构通过一系列政策和资助计划，鼓励高校创新教学方法，注重综合性和跨学科的教育模式。这些政策的实施不仅提升了高校的教育质量，还促进了学生全面素质和创新能力的发展。美育在跨学科教育中具有重要作用，通过艺术课程，学生可以更好地理解和表达可持续发展的概念。如柏林艺术大学是欧洲最大的艺术大学之一，提供广泛的艺术课程，其中包括美术、设计、音乐、表演艺术等。其课程设置强调跨学科的合作和实验性创作，鼓励学生在不同艺术形式之间进行创新和探索。慕尼黑美术学院以其在绘画、雕塑、版画和新媒体艺术方面的强大课程著称。学院的课程设置注重经典艺术技法的训练，同时鼓励学生进行现代艺术实践和多媒介创作。魏玛包豪斯大学继承了包豪斯学派的传统，提供建筑、艺术、设计和媒体等领域的课程。学校注重跨学科教育，结合艺术、设计和科技，鼓励学生进行实验性和创新性的项目创作。德国多数高校通过跨学科的学术环境，鼓励学生将艺术与其他学科相结合，如科技、社会科学、人文学科等，从而激发他们的创新思维和创造力。通过这种综合性的学习体验，学生不仅能够在艺术领域有所突破，还能在广泛的知识体系中找到新的灵感和创意。

德国在美育世俗化方面展现出显著的发达程度，其独特的艺术生态和文化氛围构成了德国社会的重要特质。德国拥有数量众多的艺术团体和艺术沙龙，这些平台不仅为艺术家提供了交流、展示和创作的空间，也极大地促进了公众艺术素养的提升。德国的艺术收藏机构也相当丰富，全国范围内有50多个国立现代艺术品收集机构，此外，还有260多个定期或不定期展出艺术作品的博物馆，为公众提供了丰富的艺术资源和观赏机会。值得一提的是，德国的文化中心柏林在艺术展示方面尤为突出。仅柏林一个城市就拥有80个美术馆，这些美术馆不仅展示了德国本土的艺术作品，也吸引了来自世界各地的艺术精品，使柏林成为国际艺术交流和展示的重要平台。

12.2.3　英国的美育课程设置和教学模式

2012年，英国文化、媒体及体育部与教育部联合推出了一系列旨在促进艺术和文化教育的政策与法案。这些政策包括"促进艺术和文化的可持续发展""图书馆需为地方政府提供全面的出版物收集服务"和"确保国家博物馆和画廊保持世界一流水准"等。这些举措从学校教育和社会文化两个方面入手，旨在全面推进英国的艺术和文化教育发展。

在英国，教学课程设计主要分为基础通识课程和核心课程两类。其中，美育相关课程被归类为基础通识课程。英国的美育教育注重循序渐进的过程，从小学到高等教育，甚至扩展到整个社会的美育氛围建设。另外，英国高校特别重视为学生提供全面而实际的教育体验，强调与企业和社会的协同合作。例如，皇家艺术学院不仅强调理论课程的重要性，还设立了丰富的实践课程。这些实践课程包括跨学科的项目，旨在培养学生的创新能力和实际操作技能。例如设计专业学生的课程设置涵盖广泛领域，包括绘图、工艺、制版、材料等方面。此外，学生还需要学习计算机技术相关课程，以掌握现代设计所需的技能。格拉斯哥艺术学院因其卓越的建筑和美术课程而著称，尤其是在建筑学科方面。该学院采用工作室教学模式，将英国丰富的艺术遗产与现代化教学设施深度融合，鼓励学生进行探索和实验，激发他们的创造力和创新精神。牛津大学在其《2005—2006 学年至 2009—2010 学年综合规划》和"2018—2023 战略规划"中，均着重强调了对学生个性化和全面化教育的培养。其中，美育是重要组成部分之一。牛津大学秉持着全人教育的理念，通过多样化的课程体系与丰富的课外活动项目，全面提升学生的艺术素养与文化理解力。这些战略部署不仅深刻体现了对学生综合素质培养的重视，还通过跨学科的教育实践，有效促进了学生在学术研究与艺术创作两大领域内的均衡发展与深度融合。通过这种方式，学生能够将课堂上的知识应用于实际问题，增强他们在艺术和设计领域的竞争力。此外，英国的美育教育还注重培养学生的创造力和批判性思维。学校鼓励学生参与各种艺术活动和项目，通过与专业艺术家的合作和实地考察，进一步加深他们对艺术的理解和热爱。这种全面的美育教育体系，不仅提升了学生的艺术素养，也促进了整个社会的文化繁荣。

综上所述，当前欧美各国在美育政策的指引下，正经历着美育教育理念与实践的深刻改革与创新。这些改革的核心在于对美育教育课程和评估体系的全面更新，其目标旨在培养学生的自主性创造能力和全面多元化的能力。通过综合发展的教育模式，学生不仅获得了专业技能，同时也在批判性思维、创新能力以及跨学科整合能力上得到了显著的提升。这种教育模式旨在为社会培养具备全面发展和多元化创新能力的人才。它们不仅在专业领域内展现卓越，更能够跨越学科界限，提出创新的解决方案，进而推动社会的持续进步。通过美育的普及化和全民化策略，各国正致力于构建一个更加包容和创新的社会环境，使得艺术和文化成为公众生活中不可或缺的一部分。美育政策的实施不仅对学生个体的全面发展产生了极其重要的积极影响，同时也在宏观层面对社会的文化繁荣和创新能力起到了推动作用。这种以美育为核心的教育改革，推动了社会的多元化发展，促进了不同文化和思想的交流与融合，为构建一个更加开放、包容和富有创造力的社会奠定了坚实的基础。

12.3 国际视野下美育的机遇与挑战

12.3.1 国际视野下美育的机遇

在全球化的宏大叙事下,美育领域经历了深刻的转型与重构,这一进程孕育了前所未有的发展机遇,也伴随着一系列复杂而深刻的挑战。全球化趋势不仅促进了文化、艺术及审美观念的跨国界交流与融合,还极大地拓宽了美育资源的获取途径和表现形式,使得传统与现代、本土与外来的美学理念在碰撞中共生共荣。在全球化的宏大叙事下,美育领域经历了深刻的转型与重构,这一进程孕育了前所未有的发展机遇。

一是全球化趋势不仅促进了文化、艺术及审美观念的跨国界交流与融合,还极大地拓宽了美育资源的获取途径和表现形式,使得传统与现代、本土与外来的美学理念在碰撞中共生共荣。全球化推动了美育内容的丰富化与多元化。传统美育往往聚焦本土文化的传承与弘扬,而全球化则促使教育者及学习者将视野拓展至全球,吸纳不同文明的艺术精髓与审美智慧,从而构建出更加包容、开放的审美体系。艺术作品及其教育实践的边界被极大地拓宽,超越了传统地域与文化藩篱的限制,使得全球范围内的艺术风格、创作技法、审美理念及深层文化意蕴得以自由流通与融合。在此框架下,艺术形式的跨界融合与创新发展,如数字艺术、跨界设计等新兴艺术形态的兴起,为美育实践提供了更为广阔的平台。学生能够沉浸在一个丰富多元的艺术学习环境中,直接接触并深入理解来自不同文化背景的艺术表现形式、技法革新及哲学思考。这种跨越国界的文化邂逅,不仅极大地丰富了美育课程的内容体系,促使教学内容更加全面、立体且富有启发性,还为学生提供了宝贵的跨文化比较与批判性思考的机会。

二是全球化进程的深化显著加速了技术与数字媒体在艺术创作与教育领域的渗透与融合,这极大地丰富了教学手段与学习路径。学生能够跨越地理界限,轻松访问并利用来自世界各地的数字资源与工具进行艺术创作与探索。在技术层面,学生得以运用先进的数字媒体技术,如数字绘画、3D建模、虚拟现实、增强现实以及人工智能辅助创作等,这些工具为艺术创作带来了前所未有的创新空间。同时,云计算、大数据等技术的应用,使得艺术作品的存储、分享与协作更加便捷高效,进一步推动了艺术创作的全球化合作与交流。

三是在教育领域,在线课程与开放式教育资源(OER)的兴起,打破了传统教育的时空限制,使得优质艺术教育资源得以在全球范围内广泛传播与共享。学生可以通过互联网平台,自由选择并学习来自世界各地的顶尖艺术家、学者的课程与讲座,掌握最新的艺术理论与技能。此外,技术与数字媒体的融合还促进了艺术教育模式的创新。教育者开始采用翻转课堂、混合式学习等新型教学模式,将线上与线下相结合。另外,全球化国际视野下美育教学方法向多元化、包容性方向发展。通过国际教学案例的互鉴、艺术表现形式的跨界融合以及数字技术辅助下的教学手段革新,美育教学不再局限于单一的文化语境或教学范式之中,而是更加注重培养学生的全球视野、跨文化沟通能力以及创新思维。实践性的强化则是这一变革的另一显著特征。美育教学不仅仅是理论知识的传授,而是更加注重通过实际操作、项目式学习、艺术创作实践等方式,让学生在参与和体验中深化对美的感知、理解与表达。

12.3.2　国际视野下美育的挑战

伴随着机遇的同时,全球化也为美育带来了不容忽视的挑战。一方面,当前美育正经历着前所未有的交流与融合,这一进程虽促进了文化多样性的展示与共享,但同时也产生了美育同质化倾向。所谓的"文化全球化"现象,有可能削弱或抹去部分地区承载着深厚历史积淀与地域特色的美育内容。这种同化过程不仅关乎审美教育资源的单一化倾向,更深层次的,它威胁到了优秀传统艺术作为文化遗产的独特性与连续性。优秀传统艺术作为特定地理、历史与社会条件孕育的产物,蕴含着丰富的民族记忆、情感表达与价值观念,是构建文化身份认同的重要基石,是文化精神的传承与创新的重要延续。因此,如何在全球化浪潮下保护并促进本土美育内容的多样性,成为一个亟待解决的文化命题。这要求我们在推动文化交流互鉴的同时,注重对优秀传统艺术的深入挖掘、整理与活态传承,通过教育体系的改革与创新,将传统美育资源融入现代教学体系中。同时,加强国际关于美育保护与传承的探讨与合作,共同探索在国际视野下维护文化多样性的有效途径。

另一方面,信息技术的飞速发展导致了前所未有的信息爆炸与文化交流碰撞,这一现象对学生的审美教育体系构成了显著挑战。学生能够接触来自世界各地的艺术风格、审美观念与文化产品，但同时也加剧了审美信息的碎片化与浅表化，使得学生在筛选、整合与理解这些信息时面临巨大困难。不同文化间的价值冲突与审美标准的差异，进一步加剧了学生审美判断的复杂性，这往往要求他们需要更加成熟的批判性思维能力与自我认同构建能力，以抵御因信息过载和文化冲突可能引发的困惑、迷茫，乃至审美价值取向的混乱。针对这一问题，应基于国际视野下构建适应全球化时代的审美教育体系。这包括加强学生的媒介素养教育，提升他们在海量信息中筛选有效资源、辨别真伪与批判性思考的能力；同时，强化跨文化交流能力的培养，帮助学生理解并尊重不同文化的审美差异，形成开放包容的审美态度；更重要的是，要引导学生树立正确的世界观、人生观与价值观，在多元文化的交汇中寻找并坚持自己的审美立场与价值取向。

可见，国际视野下当前的全球化背景正深刻地塑造着美育教学的面貌，推动其从内容到形式、从理念到实践的全面革新。未来，随着全球教育合作的不断深化与拓展，美育教学将进一步融合多元文化精髓，探索更加高效、灵活且富有成效的教学模式，为培养具有全球竞争力、创新精神及人文关怀的未来人才奠定坚实基础。

参考文献

[1] 金石欣. 遵循美的规律培育年青一代[J]. 上海大学学报（社会科学版），1988（02）：44-46.

[2] 李星光. 试论美育在素质教育中的地位和作用[J]. 宁夏社会科学，2004（04）：119-122.

[3] 王怡，付立忠，傅泽田. 高校美育发展历程及在促进创新型人才培养中的作用与实践[J]. 高等农业教育，2012（07）：36-39.

[4] 薛天祥. 加强学科体系建设提升高等教育理论品质[J]. 中国高等教育，2006（09）：14-16.

[5] 李益. 论休闲美的四个维度[J]. 兰州学刊，2012（08）：206-208.

[6] 徐梦婕. 数字时代新文科背景下的美育：内涵、挑战及路径建设[J]. 高教探索，2023（04）：114-121.

[7] 曹雨晖. 从马克思劳动美学思想看美育与劳动教育的融通[J]. 现代职业教育，2022（05）：1-3.

[8] 李金平，何潇. 劳动美学视角下艺术类大学生劳动教育的实践探索[J]. 四川戏剧，2022（06）：153-156.

[9] 杜德. 法国社会阶级变革对现代公共艺术审美的影响——以18世纪为例[J]. 天津美术学院学报，2020（04）：66-69.

[10] 杨向荣. 构建艺术浸润式具身体验，以论带史，以论证史——美育浸润行动下大学美学与美育的教学思考[J]. 中国大学教学，2024（04）：40-47.

[11] 王德胜. 作为美育的艺术、艺术史如何可能？[J]. 中国文艺评论，2022（12）：4-13.

[12] 朱璟. 感性何以丰厚？——论艺术史的美育价值[J]. 美育学刊，2024，15（01）：27-32.

[13] 周宪. 论艺术史的美育功能[J]. 美术大观，2023（06）：120-123.

[14] 李雷. 文艺批评参与美育的必要性探究[J]. 中国文艺评论，2022（11）：90-99.

[15] 杜卫. 情感体验：美育的根本特征——当代中国美育基础理论问题研究之四[J]. 美术研究，2020（03）：5-10.

[16] 赵艺航. 陕西三所高校"中华优秀传统文化传承基地"的现状调查研究[D]. 西安：西安音乐学院，2021.

[17] 胡杨，陈时见. 我国美育的演进逻辑及未来发展路径[J]. 中国高等教育，2022（22）：41-43.

[18] 董学文. 美育在素质教育中的地位和作用[J]. 高校理论战线，1999（06）：41-46.

[19] 赵静，魏荣．美育视域下大学生全面发展多维探析［J］．中学政治教学参考，2023（04）：7-10．

[20] 孙献华．高校美育实践的新路径与新课程［J］．江苏高教，2022（03）：102-105．

[21] 杨阳．探索中华优秀传统文化的育人功能和实现路径——以北京科技大学传统金属工艺传承创新基地建设为例［J］．北京教育（高教），2024（04）：91-93．

[22] 葛晓妮．大思政视角下的社团制美育实践探索［J］．中学政治教学参考，2021（47）：65-66．

[23] 沙家强．新文科背景下学科美育交叉融合的内在理路与实践探索［J］．教育理论与实践，2022，42（03）：16-19．

[24] 张萌，王凯雯．美育在新文科人才培养中的新取向［J］．美术教育研究，2021（15）：104-105．

[25] 李梅．学校美育与多学科"跨学科"教学协同活动的探讨［J］．中国教育学刊，2023（12）：151．

[26] 饶娆．新文科教育理念下高校美育内涵的新拓展［J］．中南民族大学学报，2023，43（08）：176-180，188．

[27] 刘颖．转型、矛盾与创新：数字时代大学美育重构［J］．湖南社会科学，2024（03）：154-160．

[28] 邱涛，麦宸多．数字经济时代美育课程的建设路径［J］．山西财经大学学报，2024，46（S1）：223-225．

[29] 乔宇．解析传统工艺中"人造物"的四个时期［J］．美术观察，2017（11）：127-128．

[30] 梁嵩．技艺相争与媒介演进——人工智能艺术研究的问题症候与解决进路［J］．艺术传播研究，2022（04）：94-101．

[31] 赵伶俐，徐世虎，李雪垠，等．审美·跨界——从规律到写意［M］．北京：北京师范大学出版社，2017：215-238．

[32] 许雪晨，田侃，李文军．新一代人工智能技术（AIGC）：发展演进、产业机遇及前景展望［J］．产业经济评论，2023（04）：5-22．

[33] 赵凯．虚拟现实技术在现代服装设计专业教学中的运用［J］．印染，2024，50（06）：104-107．

[34] 李加，张景．美育视阈下的蜀绣AIGC创新设计与数字化推广研究［J］．包装工程，2024，45（04）：485-490．

[35] 冯迎慧，杜宏斌，程晓敏．数智赋能：智慧云平台促进区域美育高质量发展［J］．中国音乐教育，2024（03）：33-42．

[36] 汪禹池．中国语境中美育现代性内涵的建构历程［J］．文艺争鸣，2024（05）：169-172．

[37] 宋修玲．梁启超美育思想中的儒学根基［J］．广西大学学报（哲学社会科学版），2024（03）：42-49．

[38] 王京，侯怀银. 中国教育美学：历程、进展和趋势［J］. 教育理论与实践，2016（07）：8-11.

[39] 王莹. 课程思政的价值本源与价值实现［J］. 思想理论教育导刊，2024（05）：144-150.

[40] 徐秦法，梁轩铭. 同向·同行·同构：" 课程思政 " 与 " 思政课程 " 协同育人的新探索［J］. 思想理论教育导刊，2024（04）：134-141.

[41] 麻凯阳. 高校美育的价值逻辑、现实难点与实践路径［J］. 教育理论与实践，2024（18）：20-22.

[42] 陈永涌，甄宸. "新文科" 背景下课程思政的积极育人体系建构［J］. 青海民族大学学报（社会科学版），2024，50（02）：160-168.

[43] 黄俊兴，林美貌. 马克思主义美育观与新时代学校美育建设［J］. 中共福建省委党校（福建行政学院）学报，2021（04）：22-29.

[44] 马胜杰. 科技革命背景下中国时尚教育发展的思考［J］. 艺术设计研究，2019（04）：5-8.

[45] 赵正来. 中国古代对自然美的认识与体验［J］. 吉首大学学报（社会科学版），2003（04）：17-21.

[46] 周均平. 自然美与审美教育［J］. 理论学刊，1997（06）：77-79.

[47] 郑绍江，王诗彧. "生态+" 高校美育体系构建探索［J］. 西南林业大学学报（社会科学），2022，6（06）：92-96.

[48] 范亚丽. 蔡元培社会美育理论的当代意义［J］. 文化学刊，2015（01）：69-71.

[49] 汪宏. 社会美育的特性及其审美功能［J］. 河北理工大学学报（社会科学版），2007（03）：102-105.

[50] 王玥，胡瑶. 设计赋能下社会美育活动策略及迭代方法研究［J］. 艺术设计研究，2023（02）：66-71.

[51] 段鹏. "浸润行动" 下社会美育与学校美育协同的省思与课程理解［J］. 新课程评论，2024（04）：25-32.

[52] 徐望. 消费与审美：文化产业的社会美育价值及其实践路径［J］. 南京社会科学，2023（08）：156-166.

[53] 孔新苗. "社会美育" 三题：含义、实践、功能［J］. 美术，2021（02）：10-14.

[54] 石苏平. 基于社会美育视角下的城市精神文化建构［J］. 西北美术，2023（03）：114-117.

[55] 屈波. 共在，共情，共生：中国社区美育行动计划［M］. 桂林：广西师范大学出版社，2023：8.

[56] 毕小君，聂磊，赵伶俐，等. 新课标导向下跨学科美育课程的学理依据及实践路径——以科学与艺术融合为例［J］. 课程. 教材. 教法，2023，43（01）：96-103.

[57] 刘沛. 美国艺术教育国家标准［J］. 中国美术教育，1998（5）：31-32.